法学

― 法の世界に学ぶ ―

[改訂版]

中山政義

土屋　茂

長谷川日出世

高岸直樹

関沢修子

大塚敬子

[著]

成文堂

改訂版はしがき

　『法学―法の世界に学ぶ―』の初版は、大学で初めて法を学ぶ学生のために二松学舎大学国際政治経済学部に所属する教員が編集・執筆し、2017年に刊行された。初版から5年以上が経過し、この間、民法・刑法をはじめとする重要な法令の改正が相次ぎ、また新たな重要な判例の展開も見られた。こうした変化をうけ、法律をこれから学ぶ学生のための手引書でありたいという本書の基本的な方針を維持しつつ、必要な加筆や修正を施した改訂版を刊行することになった。

　改訂版においては、各種法令の改正を内容に反映させ、重要判例や現代的な問題について追記したほか、あらたに国際法についての章を設けた。昨今の世界情勢を鑑みると、国際社会における法秩序に対する理解は重要度を増している。初学者が様々な法に触れるなかで、法学への興味・関心が喚起されることを期待する。このように意図するところはあるものの、改訂版も初版を踏襲して平易な記述を心がけ、無理のない学修ができるよう心掛けていることに変わりはない。初版同様、多くの読者に利用していただくことができれば喜びである。

　最後に、改訂版の刊行にあたっては、成文堂の田中伸治氏には大変お世話になった。心より御礼申し上げる。また高崎経済大学地域政策学部の金光寛之教授には、校正段階で御教示をいただいた。御協力に厚く感謝申し上げる。

　2023年4月

関　沢　修　子

はしがき

　本書は、法律をこれから学ぶ学生のための手引書として、二松学舎大学国際政治経済学部に所属する教員が共同執筆した法学の入門書である。その内容は、法の基礎理論の説明から始まり、憲法、民法、刑法など主要な法からより具体的で身近な法へと向かう構成となっている。本書を大学の教養教育における法学テキストとする場合には、教員が利用の仕方を工夫することで、これから法律を専門として学んでいく学生はもちろん、専門としない学生についても社会生活を営むために広く知っておくべき法知識を得られるようにした。

　本書は、『やさしい法の学び方』の改訂の意図から出発したが、途中から方針を変更し、新たな執筆者が加わり新構想の下で編集・執筆したものである。大学における一年間の短い講義の中で、まったく法を学んだことがない学生にたいして法学を理解させるのが難しいことから、法への興味を失うことなく学習が着実に進むよう、分かりやすさに重点を置くという共通認識の下で執筆している。学生諸君の法の理解の契機となれば幸いである。

　最後に本書の刊行にあたり、出版には困難な状況であるにもかかわらず快く引き受けて下さった成文堂社長阿部成一氏、さまざまな点からご助言下さった同社編集部小林等氏に、心より感謝申し上げる次第である。

　　2017年3月

　　　　　　　　　執筆者を代表して

　　　　　　　　　　　　中　山　政　義

目　　次

改訂版はしがき

はしがき

第1章　法の世界 ………………………………………………… *1*

第1節　法とは（法の意味）………………………………………… *1*

1　法の定義　*1*　　2　法と道徳　*2*

3　法と習俗・慣習　*5*　　4　法と法律　*6*

第2節　法の形式……………………………………………………… *7*

1　成文法　*7*　　2　不文法　*11*

3　成文法主義と判例法主義　*15*

第3節　法の分類……………………………………………………… *16*

1　公法と私法と社会法　*16*

2　強行法と任意法　*17*

3　一般法（普通法）と特別法　*18*　　4　実体法と手続法　*18*

5　国内法と国際法　*19*

第4節　法の目的……………………………………………………… *19*

1　正義の実現　*19*　　2　法的安定性　*20*

第5節　法の効力……………………………………………………… *20*

1　時間的効力　*20*　　2　空間的効力　*21*

第6節　法と政治……………………………………………………… *21*

1　立法と政治　*21*　　2　法治主義　*22*

第7節　法の適用と解釈……………………………………………… *22*

　　　　1　法の適用　*22*　　2　法の解釈　*24*

　第8節　法学の歴史……………………………………………………*25*

　　　　1　古代の法学　*26*　　2　中世の法学　*26*
　　　　3　近世および現代の法学　*26*

　第9節　法の分科………………………………………………………*27*

　　　　1　法の分科　*27*　　2　法学の分科　*28*

第2章　憲法の世界………………………………………………*31*

　第1節　憲法とは何か…………………………………………………*31*

　　　　1　憲法という用語　*31*　　2　憲法と国家　*32*

　第2節　憲法の意味と立憲主義………………………………………*33*

　　　　1　憲法の意味　*33*　　2　憲法と立憲主義　*34*
　　　　3　憲法の分類　*38*

　第3節　日本国憲法……………………………………………………*41*

　　　　1　日本国憲法の基本原理　*41*　　2　国民主権の原理　*43*
　　　　3　平和主義の原理と戦争放棄　*47*
　　　　4　基本的人権の原理　*54*　　5　自由権　*65*
　　　　6　社会権　*74*　　7　国　会　*80*　　8　内　閣　*85*
　　　　9　裁判所　*88*　　10　財　政　*95*　　11　地方自治　*100*
　　　　12　憲法改正　*105*

第3章　民法の世界………………………………………………*111*

　第1節　基本ルール……………………………………………………*111*

　　　　1　民法の意味　*111*　　2　民法の基本原則　*111*
　　　　3　日本の民法　*112*

第2節　総　　則 ……………………………………………………… *113*

　　　1　総則の内容　*113*　　2　権利能力者——人（権利の主体）　*113*
　　　3　物——権利の客体　*114*　　4　法律行為——権利の変動　*115*
　　　5　時効——権利の変動　*116*

第3節　物　　権 ……………………………………………………… *117*

　　　1　物権の特色　*117*　　2　物権の種類　*118*

第4節　債　　権 ……………………………………………………… *120*

　　　1　債権の特色　*120*　　2　債権の効力　*120*
　　　3　多数当事者の債権　*121*　　4　債権の譲渡と消滅　*121*
　　　5　債権の発生原因　*122*

第5節　親族(1)——婚姻 ……………………………………………… *123*

　　　1　家族の基本構造　*123*　　2　婚姻の成立要件　*124*
　　　3　婚姻の効果　*125*　　4　婚姻の解消　*127*
　　　5　内縁　*128*

第6節　親族(2)——親子 ……………………………………………… *129*

　　　1　親子関係　*129*　　2　実親子関係　*129*
　　　3　法定親子関係——養親子関係　*131*

第7節　相　　続 ……………………………………………………… *132*

　　　1　相続の意義　*132*　　2　相続人　*133*
　　　3　相続の効力　*134*　　4　遺　言　*135*
　　　5　遺留分　*137*

第4章　刑法の世界 …………………………………………………… *139*

　第1節　刑法とは（刑法の目的・機能）……………………………… *139*

　第2節　刑法の法源 …………………………………………………… *140*

　　　　1　刑法の範囲　*140*　　　2　刑法の改正　*140*

　　　　3　慣習刑法の禁止　*141*

　　第3節　刑法の適用範囲……………………………………………*141*

　　　　1　時間的適用範囲　*141*　　　2　場所的適用範囲　*142*

　　第4節　刑法の基本原理（罪刑法定主義）……………………………*142*

　　　　1　罪刑法定主義とは　*142*　　　2　明文上の根拠　*142*

　　　　3　刑法の原則　*143*

　　第5節　犯罪の成立要件………………………………………………*144*

　　　　1　犯罪とは　*144*　　　2　構成要件　*144*

　　　　3　違法性　*145*　　　4　有責性　*145*

　　第6節　刑　　　罰………………………………………………………*146*

　　　　1　刑罰の種類　*146*　　　2　刑の加重と減軽　*147*

第5章　ビジネスと法の世界………………………………………*149*

　第1節　経済社会と法…………………………………………………*149*

　第2節　商人の規律をみる……………………………………………*149*

　　　　1　商法と民法の関係　*149*　　　2　商法の適用　*150*

　　　　3　企業組織に関する規律　*150*　　　4　企業取引に関する規律　*152*

　第3節　会社の規律をみる……………………………………………*152*

　　　　1　会社とはなにか　*152*　　　2　株式会社の資金調達　*155*

　　　　3　株式会社の経営機構　*157*

　第4節　会社と証券取引をみる………………………………………*162*

　　　　1　金融商品取引での情報の重要性　*162*　　2　資本市場　*162*

　　　　3　情報開示　*163*　　　4　不公正取引の禁止　*164*

　第5節　会社と税をみる……………………………………………… *165*

　　　1　租税とは　*165*　　2　事業体の納税義務　*166*

　　　3　エンティティ課税とパススルー課税　*167*　　4　租税回避　*167*

　　　5　タックス・ヘイブン　*168*　　6　移転価格　*168*

第6章　消費者保護と法の世界（欠陥商品に対する法）………… *171*

　第1節　製造物に対する責任の法理………………………………… *171*

　　　1　契約責任に基づく製造物責任　*171*　　2　不法行為責任　*172*

　第2節　製造物責任法（PL法）…………………………………… *173*

　　　1　厳格責任　*173*　　2　欠陥　*174*

第7章　国際法の世界　……………………………………………… *177*

　第1節　国際法とは………………………………………………… *177*

　　　1　国際社会の特徴　*177*　　2　国際法の歴史　*178*

　　　3　国際法と国内法　*178*

　第2節　国際法の主体……………………………………………… *179*

　　　1　国際法の主体とは　*179*　　2　国家　*180*

　　　3　国家以外の主な国際法主体　*182*

　第3節　国際法の法源……………………………………………… *183*

　　　1　条約　*183*　　2　慣習国際法　*184*

　　　3　法の一般原則　*184*　　4　ソフト・ロー　*185*

　　　5　強行規範　*185*

　第4節　国の責任…………………………………………………… *186*

　　　1　国家責任の発生　*186*　　2　違法性阻却事由　*187*

　　　3　責任の追及　*187*　　4　国家責任の内容　*188*

　第5節　紛争の平和的解決………………………………………… *188*

viii　目　次

　　　1　非裁判手続　*188*　　2　裁判手続　*189*

第6節　武力行使の禁止··· *190*

　　　1　戦争の違法化　*190*　　　2　武力行使禁止原則　*191*

　　　3　自衛権　*191*　　　4　安保理による強制措置　*192*

第7節　個別具体的な分野·· *193*

　　　1　空間に関する国際法　*193*　　2　国際人権法　*194*

　　　3　国際経済法　*194*　　　4　国際環境法　*195*

　　　5　国際刑事法　*195*　　　6　国際人道法・武力紛争法　*196*

　　　7　分野横断的な問題　*197*

　参考文献　*198*

第1章　法の世界

第1節　法とは（法の意味）

1　法の定義

(1)　法とは

　法とはなにか、過去多くの法学者がこれに答えるべく多大の努力をしてきている。法とはなにか、に答えることが法学の目的であり、法学者の任務であるといわれている。しかし、法の定義に関する定説はない。法は現にわれわれの社会生活の中に存在し、機能しているが、世の中の変化とともに法もまた変わってゆくのが実情である。したがって、法の一義的な定義をすることは非常に困難なこととなり、それゆえに、多くの定義が生まれうるのである。現在の法の定義に関する多くの説は、国家などの組織体により支持・承認された強制力ある社会規範である、としており、ここでも一応そのように考えておく。

(2)　法の性質

　法は社会規範である。人は必ず死ぬ、といった自然法則や物理法則とは異なる。規範は一定の目的・価値を前提としており、「……しなければならない。……してはならない。」の世界であり、客観的に一定の法則が存在する自然界とは区別される。法は、禁止や命令の形、たとえば「なんじ殺すなかれ」というような形で現れ、人間の共同社会のためにできた規範である。

　法は、共同社会を構成する人びとにより支持されていなければならず、まさに「社会あるところに法あり」である。人間の社会生活関係を相互に規律するために法は存在し、それゆえに、物理的な強制力を有している。人を殺せば「死刑又は無期若しくは5年以上の懲役に処」（刑法199条）せられることになり、約束を守らないとき、たとえば「債務者が任意に債務の履行をしないとき」は、債権者は「履行の強制を裁判所に請求」（民法414条1項本文）して約束を守らせることもでき、また「債務者がその債務の本旨に従った履行をしないとき」は、「債権者は、これによって生じた損害の賠償を請求す

ること」が可能で、「債務の履行が不能であるとき」（民法415条1項本文）も
損害の賠償を求めることができる。いずれも本人の意思にかかわらず、つま
り本人の意思に反しても国家すなわち裁判所が強制的に正義を実現し、社会
生活の維持をはかろうとするものである。この**物理的な強制力**こそが、他の
社会規範、たとえば宗教や道徳と法とを区別しうる基本的な要因・本質であ
る。すべての法が強制力を伴っているとはかぎらない—単に技術的な法規定
も存在しているのである—が、法の本質は、この物理的な強制力にあると
いってもよいであろう。この強制力は正義・理想を実現するために存在する
のであり、したがって、法は基本的に正しくなければならないものである。

　法の規範性は、その内容により、行為規範・裁判規範・組織規範とに分け
ることができる。**行為規範**とは、人に対し、あることを禁止あるいは命令す
る規範のことで、前述の人を殺すなかれ、約束は守られるべし、というよう
なことであり、法の多くはこれに属している。**裁判規範**は、裁判官が裁判を
するにあたって基準となるべき規範である。民法親族編の規定の多くがこれ
であるといわれる。**組織規範**は、裁判所などの組織の構成や権限などについ
て定めた規範である。この3者は厳密な分類ではなく、規定によっては重複
していることもある。

2　法と道徳

(1)　法と道徳の相違

　法は道徳とともに社会生活における人間相互の関係を規律するための社会
規範である。人が行為をするため、社会生活を営むためによりどころとなる
1つの基準という意味では法も道徳も同じである。ではいかなる点にちがい
があるのか。この関係を把握することは、法学上の特にむずかしい問題の1
つであるとされているが、一応次のように区別できる。

　法は、人の外部的行為を主としてその対象とし、道徳は人の内部的な良心
といった心のあり方を対象とする。いわゆる**法の外面性**と**道徳の内面性**であ
る。「人を殺そう」と思えば、道徳上あるいは宗教上の非難の対象となり、
道義的責任を問われることになるが、思考だけでは法的問題は生じない。こ
れを実際の行動に移したときにはじめて法律上の責任を問われることになる

のである。しかしながら、法が人の内面性に関する問題を全く無視している
かといえば、そうではなく、たとえば、故意・過失（民法709条参照）、善
意・悪意（民法96条3項等参照）といったような事は大いに問題とされてい
る。また道徳においても、人がどのような行為をしたかといった外面性につ
いて評価の対象とされることが多いのである。

　法と道徳のちがいは、**強制力の有無**が基準となるといわれる。法はその違
反者に対し強制力をもって順守することを迫り、道徳は人の自発的意思・良
心などにより守られることを願っている。しかし、道徳や宗教に反したとき
は、世間の非難や一定の団体からの排除（たとえば村八分）といった一種の
制裁が加えられることもある。また、法とされているものの中には、強制力
とはかかわりのないものも存在している。

　このように、法と道徳とは一応区別をつけることができる社会規範では
あるが、その限界には非常に微妙なところがある。そもそも古代にあっては法
と道徳は未分化状態にあったといわれ、分化が進んだ現代においても、特定
の具体的問題の解決に際しては、きわめて複雑な関係が生ずる。「法は倫理
の最低限」といわれるように、多分に道徳的要素を採り入れている面が多
い。たとえば、民法では公序良俗の規定（90条）であり、刑法では殺人罪
（199条）などである。

(2)　民法上の具体例

　民法90条は「公の秩序又は善良の風俗に反する法律行為は、無効とする」
と規定して、人倫に反する行為や正義の観念に反する行為などが行われた場
合、その法律行為を無効とし、法的効果を生じさせないことにしている。90
条の規定は白紙条項であるので、どのような法律行為が公序良俗違反になる
かの判定はむずかしい。たとえば、妾・愛人など性的不倫関係を目的とする
契約は無効とされるが、このような不倫関係をやめるためにする契約・手切
金契約などは有効であると判断されている（大判昭12・4・20新聞4133号12
頁）。

　有責配偶者の離婚請求訴訟においては、道義的責任が大いに問題にされて
いる。最高裁判所はかつて「……上告人が勝手に情婦を持ち、その為め最早
被上告人とは同棲出来ないから、これを追い出すということに帰着するので

あって、もしかかる請求が是認されるならば、被上告人は全く俗にいう踏ん
だり蹴ったりである。法はかくの如き不徳義勝手気侭を許すものではない。
道徳を守り、不徳義を許さないことが法の最重要な職分である。総て法はこ
の趣旨において解釈されなければならない。……」（最判昭27・2・19民集 6
巻 2 号110頁）と述べ、有責配偶者である夫からの離婚請求を認めなかっ
た。本来、裁判離婚は、有責主義的理解から破綻主義的理解へと移り変わ
り、このような場合にも離婚が認められるはずであった。これを道徳的要請
により拒絶した。ところが、最高裁は後に判例を変更し、「有責配偶者から
された離婚請求であっても、夫婦の別居が両当事者の年齢及び同居期間との
対比において相当の長期間に及び、その間に未成熟の子が存在しない場合に
は、相手方配偶者が離婚により精神的・社会的・経済的に極めて苛酷な状態
におかれる等離婚請求を認容することが著しく社会正義に反するといえるよ
うな特段の事情の認められない限り、当該請求は、有責配偶者からの請求で
あるとの一事をもって許されないとすることはできないものと解するのが相
当である」と判示した（最大判昭62・9・2民集41巻 6 号1423頁）。有責配偶
者からの離婚請求がどんな場合にも認められるようになったわけではない
が、道義的責任がある者でも婚姻自体が全く形骸化してしまったような場合
には離婚を請求することができ、道徳を重んじるよりも婚姻の法秩序におけ
る本質的理念を優先すべきであると、裁判上の考えが変更されたのである。
判例は、この破綻主義にも限界があると解し、有責配偶者（婚姻が破綻した
ことについて責任のある者）からの離婚請求を認めていなかったが、大法廷判
決でこれを変更した。形骸化した婚姻は「もはや社会生活上の実質的基礎を
失っているものというべきであり、かかる状態においてなお戸籍上だけの婚
姻を存続させることは、かえって不自然であるということができよう」とし
て、道徳的観点よりも婚姻の本質論から問題の解決をはかった。

(3)　刑法上の具体例

　刑法上の尊属殺人についてはより適切な事例を提供している。刑法旧200
条は「自己又ハ配偶者ノ直系尊属ヲ殺シタル者ハ死刑又ハ無期懲役ニ処ス」
と規定し、通常の殺人罪の場合と比べて、刑罰を非常に重くしていた。この
理由を最高裁は昭和25年10月11日の判決において「……刑法において尊属親

に対する殺人・傷害致死等が一般の場合に比して重く罰せられているのは、法がその親に対する道徳的義務をとくに重要視したものであり、これ道徳の要請にもとづく法による具体的規定に外ならないのである。……」（刑集 4 巻10号2037頁）と説明して、親孝行は道徳の要請であって、これを法により具体化しても、憲法14条の法の下の平等に違反するものではないと判示した。その後、最高裁は、昭和48年 4 月 4 日の大法廷判決で、道徳上の要請を重視していた前記判例を変更し、尊属殺の法定刑は、あまりにも重すぎるとして、憲法違反であると判断している。20年以上の年月の間に法に対する意識が変化したといいうるであろうか。子が親を大切にすることは道徳上の重要な義務ではあるが、この道徳の要請を法をもって強制したり刑罰を特に重くすることは許されず、この点において法と道徳は当然に異なることになったのである。ちなみに、刑法は、平成 7 年に改正され、尊属殺人罪等尊属に関する特別規定は削除されている。

3　法と習俗・慣習
(1)　習俗とは

習俗は、法や道徳とともに社会規範であるが、法とのちがいについてはこれまた微妙なところがある。人が共同生活を営むとき、そこには一定のルール・社会規範が発生する。習俗は社会的な一般慣行であって、生活の中からでき上ってくるものである。人びとはこれを無意識的に活動のよりどころとし、自らを規制している。ここにおいて、習俗は一種の社会規範性を有することになるが、しかし、法や道徳ほど目的は明確ではなく、理想を高く掲げて行為の基準とするものでもない。この点において法とは異なる。

この習俗の中から法に比すべきルールが生成されることがある。この習俗・慣習が社会生活の維持発展にとって必要とみられるならば法としての価値が認められる。これを慣習法という（民法92条、法の適用に関する通則法 3 条）。

(2)　法と習俗の関係

法と習俗・慣習が一致していないと、ときに大きな社会問題を引き起こす。たとえば、民法上の内縁の問題がそれである。法は理想を追うあまり現

実の社会生活を無視することがある。法と習俗がくいちがうとき、人びとは
どちらを選択するか迫られることになる。わが国においては多くの場合、習
俗が優先される。したがってそこでは法の実効性が失われやすくなる。

　婚姻の成立に関し、明治民法は届出制を採用したが、それまでの社会にお
ける慣行は一定の儀式を挙げて社会的に認知されれば、正式の夫婦として認
められていた。民法成立の後、儀式を挙げても届出をしない夫婦が多く存在
し、法律上の保護を受けられなかった。この社会的には夫婦と認められてい
るが、婚姻届をしないために法律上の夫婦とは認められない関係を内縁とい
う。内縁関係にある夫婦は、一方が死亡しても相続権はなく、子が生まれて
も嫡出子とはならず、種々の点で不利益を受けることになったので、判例は
——その初期において内縁を否認した態度をとったのであるが、すぐに変更し
て——できうるかぎりの救済をはかるようになった（大連判大4・1・26民録
21輯49頁）。しかし、民法上はあくまでも届出婚主義を厳守している（特別法
の多くは、「婚姻の届出をしなくても事実上婚姻と同様の関係にある者」という表
現を用いて、内縁配偶者を保護している（労働基準法施行規則42条など）。）。この
間、習俗の方は、婚姻は戸籍への届出によって成立するとの認識がかなり浸
透したものの、儀式と届出日が一致することは多くなく、一般的には新婚旅
行から帰って後、届出をするようである。したがって、法の規定と習俗とが
依然としてくいちがっていることを示している。

　法と習俗が異なるとき、法が習俗に歩み寄る場合と、法の強制力が強く習
俗の方が歩み寄る両者の場合がみられる。注意すべきは、正しき法は人びと
にうけ入れられ、悪しき法は反発され、実効性を失いやすいことである。

4　法と法律

　一般に法というと、憲法や民法・刑法を思い浮かべることが多い。つま
り、個別的具体的法律を連想しやすく、国家による制定法を指す場合が多
い。このような具体的法律を意味する場合を狭義の法律という。これに対
し、それより広い意味に用いる場合には広義の法律という。一般に法という
場合には後者の意味に用いることが多い。

第2節　法の形式

　法の淵源や法の源泉の略称としての法源は、法の由来する源の意味であるが、一般的には、きわめて多義であり不明瞭な観念であって、いろいろな意味に用いられている。法が実在として成り立つ基礎を意味する実質的意義における法源、法が実在として現れる形を意味する形式的意義における法源などである。ここでは形式的意義にとらえ、たとえば、裁判官が裁判を行うにさいして、拠りどころとなる規範の形式を指す。すなわち法がどのような形で存在するのかといった法の存在形式を法源という。法源は成文法と不文法とに分類される。

1　成文法

　成文法の本来の意味は文書で書きあらわされる法をいうが、一定の手続と形式とによって内容が定められ公布されることから、制定法ともいう。成文法は、その制定に一定の技術が必要であり、社会や文化がある程度にまで発達し、人間が法的な思考を行うようになって発現するものである。成文法は明文化されているので、法の意味、内容を明確にすることによって、国民の自由や権利を保障することができる。この意味において、法的安定性にすぐれた機能を有する。その反面、成文法は固定化され、その改廃には複雑な手続が必要であることから、社会の変化に対応できず、法と実社会との乖離を生ずる欠点がある。

　わが国における成文法に属するものには、憲法、法律、命令、条例、条約等がある。

(1)　憲法

　憲法は、国家の構造と作用に関する基本法であり、その内容は国家の組織と国民の権利保障との基本を定めている。このため憲法は、国法秩序において最高法規（憲法98条）として、その効力は法律、命令、条約などのすべての法に優先する。わが国の憲法は、国民主権主義に基づいて立法、行政、司法の三権分立主義をとるとともに、個人主義に立脚して国民の基本的人権を最大限度に尊重していこうとするものである。現在、憲法は狭義には憲法典

すなわち日本国憲法を、広義には国会法、内閣法、裁判所法等をも含めた実質的意義における国の基本法を指す。

　世界の憲法の歴史を見ると成文憲法の歴史は古くはなく、アメリカのヴァージニア州憲法（1776年）、アメリカ合衆国憲法（1787年）、フランス人権宣言（1789年）、フランス憲法（1791年）などが最も古く制定された。日本では明治23年に大日本帝国憲法が制定されたが、この憲法は形式的には三権分立主義を採用し、近代国家の体裁を整えていたが、天皇主権下の**欽定憲法**であった。その後、昭和21年に日本国憲法（現行憲法）が制定されるが、新**憲法は国民主権主義、基本的人権尊重主義、平和主義を基本原理**とする国民による**民定憲法**として誕生した。

　(2)　**法律**

　法律という語には広狭2つの意義がある。**広義には法や成文法の意味に使われるが、狭義には国会の議決によって制定され官報に公布される法を意味**する。ここで法源として取り上げる法律は、狭義における法律のことである。**法律は、憲法の規定を国民相互の間にまたは国民と国家の間に現実化するものであり、現行法体系の中心をなしている。**法律の効力は、憲法から見ると下位の法であるから、憲法に反することはできないが、後述する命令や条例、不文法等の上位の法となり、これらに対しては優位にある（憲法98条1項）。

　わが国における立法権は国会にあり、国会は唯一の立法機関である（憲法41条）。法律制定の手続は以下のとおりである。

　(a)　**法律案の発議と提出**

　法律を制定するには、最初に法律案を発議し国会に提出しなければならない。その権能は両院の議員と内閣にある。議員は、一定数以上の賛成を得て法律案を発議することができると定められ（国会法56条）、各議員は自己の所属する議院に対して法律の案件を出すことにより発議する。法律の案件が発議されると、議院の議長はこれを議院の委員会に付託し、審査を経た後本会議に提出される。発議された法律案が可決されたとき、はじめてその議院の提出した法律案として他の議院に送付されるのである。他方、内閣総理大臣も内閣を代表して法律案を国会へ提出することができる（内閣法5条）。内

閣が法律案を提出する場合は、主務省で学識経験者からなる審議会の意見を
きいて起草し、内閣法制局の審査を経た後閣議に付し、内閣総理大臣が両院
のいずれかにこの法律案を提出する。そのいずれに先に提出するかは任意で
あるが、予算案と条約案はまず衆議院に提出しなければならない（憲法60
条・61条）。重要法律案の多くは内閣によって発議される。

(b)　法律案の議決

　国会に提出された法律案が法律として成立するためには原則として、両議
院で可決したとき法律となる（憲法59条1項）。すなわち、法律は両議院の意
思が一致した場合に成立するのである。しかし例外として、両院の議決が異
なったとき、衆議院で出席議員の3分の2以上の多数で再び可決したとき
は、法律となる（憲法59条2項）。この規定は、衆議院が、両議院の協議会を
開くことを求めることを妨げない（憲法59条3項）。通常は、両院の議事が一
致しないときは、両院の協議会を開いてこれを決する（国会法87条・88条・
89条）。また、1つの地方公共団体のみに適用される特別法は、法律の定め
るところにより、その地方公共団体の住民の投票においてその過半数の同意
を得なければ、国会は、これを制定することができない（憲法95条）。

　成立した法律は、主任の国務大臣が署名し、内閣総理大臣が連署すること
を必要とする。

(c)　法律の公布

　最後に議決をした議院の議長が、内閣を経由して天皇に奏上し、奏上の日
から30日以内に、天皇は公布することに定められている（憲法7条1号、国
会法65条・66条）。公布とは成立した法律を一般国民に知らせるための公示行
為であり、実際には政府の刊行する官報に掲載して国民に知らせる方法がと
られている。公布は、内閣の助言と承認によって天皇が行うものである（憲
法7条1号）。

(d)　法律の施行

　法律が実際に効力を生ずることを施行という。公布されただけで法の効力
が生ずるものではない。また、公布されたからといってすぐに一般国民に周
知させることはむずかしく、一定の周知期間が必要となる。施行の期日につ
いては、法律の末尾に附則として、または施行規則として別に定められるこ

とが多い。施行時期を定めていないものは、公布の日から起算して満20日を経て施行する旨を規定している（法適用通則法2条）。

(3)　命令

命令とは、行政機関が制定する法である。命令には、法律の規定を執行するために必要な細則を定める執行命令と、法律が委任した事項を定める委任命令とがある（憲法73条6号）。また、その種類を見ると、命令には内閣が制定する**政令**、内閣総理大臣が総理府の長官たる地位において制定する**総理府令**、各省大臣の制定する**省令**などがある。形式的効力については、命令は法律の下位にあり、内容が法律の規定に反してはならず、法律の委任がないかぎり罰則を設けたりすることはできない（憲法73条6号）。

(4)　規則

国会の各院が単独で、その自律性と独自性を確保するために、会議の手続および内部の規律に関する規制を定めた**議院規制**（憲法58条2項）と、最高裁判所が、司法権独立の見地から、訴訟に関する手続、弁護士、裁判所の内部規律および司法事務処理に関する規則を定めた**最高裁判所規則**（憲法77条1項）とがある。

議院規則は、国会の手続などを定めた国会法と抵触する場合に問題を生ずるが、議院規則は各院単独の手続で制定されるために、国会法が優位となる。さらに、最高裁判所規則について訴訟法などとの抵触が問題とされるが、法律の規定が優先する（これについては、司法権の独立性を損なうのではないかという疑問もある）。

(5)　条例

条例は、地方公共団体（都道府県市町村）が法律の範囲内で、地方自治の精神から自治立法するものをいう（憲法94条）。その制定は、地方公共団体の議会の議決によって行われるが、発議権は議員および地方公共団体の長が持っている（地方自治法112条・149条）。そのほか、選挙権を有する住民も条例の制定、改廃について直接請求が認められている。（また、「法律の範囲内で」という法律と条例の関係については議論がある。）

(6)　条約

条約とは、国際法上の主体である国家間における文書による合意をいう

（ただし国際機構も、その設置を定めた基本条約が認める範囲内で条約締結権能をもつ場合がある）。条約の締結権は内閣に属し、内閣の任命した全権委員によって行われるが（憲法73条3号）、原則として事前に、場合によっては事後に国会の承認を必要とする（憲法73条3号但書）。条約は国家間の合意であるが、その内容が直接に国民の権利義務に関するものであるときは、その条約は締結と同時に国内法として効力をもつことができるか、あるいは国民を拘束するためには同じ内容の法律または命令を制定公布しなければならないか、という問題については議論の分かれるところである。（実際には両方の場合がある）。現在、条約の国内法的効力に関しての通説は、国家の意思は統一的であり対外的と対内的とで相違してはならないので、条約が国内法的内容を含む場合は、条約として公布されれば新たに立法をまつまでもなく、国内法としても有効なものと解する。

　条約に国内法的効力を認めると、国内法との間の優先権をどのように位置づけるかが問題となる。条約が法律以下の国内法に優位するということに関しては争いがないが、憲法との関係では見解が分かれる。一般的には、条約が憲法の授権により締結されること、条約の締結手続が憲法改正手続よりも簡単であり条約優位とすると憲法改正が実質的に容易な手続で行われることなどの理由から、憲法優位説が有力である（他に、憲法前文の国際協調主義あるいは条約の誠実遵守を根拠に、条約が憲法に優位するという条約優位説や、憲法の中に基本原理とそうでないものとの存在を認め、基本原理については憲法が優位するが、その他の点では条約が優位するという間位説がある）。

2　不文法

　不文法とは、文書の形式でなく存在する法をいう。また、一定の手続きに従って制定される法ではないので、非制定法ともいう。成文法がいかに精細に制定されても、それのみで今日の複雑な社会生活の様々な場面を十分に規制することは不可能である。不文法は現実の社会生活によく適応し、硬直しがちな成文法の不備を補うことに重要な意義を有する。しかし、短所として統一的法秩序の形成がむずかしく、また、その存在や内容が不明確にならざるをえないことが指摘されている。不文法には、慣習法、判例法、条理がある。

（1）　慣習法

慣習法とは、社会の中で慣行的に行われている法である。社会的な慣行が継続的に反復されることにより社会生活上の慣習規範が成立し、政治権力が法として認めるものをいう。

慣習法の成立については、いろいろの学説がある。

（a）　永年慣行説

人びとが、ある事項について永い間、同一行為を慣行してきた事実があったことを慣習法成立の基礎とする。

（b）　法的確信説

多くの人が、その慣習に従うことが権利であり義務であると確信することによって慣習法が成り立つと説き、歴史法学派の学者が唱えた。

（c）　国家承認説

国家が、事実としての慣習を法として承認することによって法となると説く。

（d）　法廷認容説

裁判所が法と認容するため慣習法は法となると説き、英法系の学者が唱えた。

これらの学説の中では、国家承認説が妥当であろう。成文法が国家主権に根拠を認めるならば、他の主権の存在を許すことはできない。慣習法も成文法と同じく国家の法である。

法の歴史をみると、古代から中世では慣習法が法の中心であり、成文法典の多くは慣習法を確認するための意義を有するのみだった。ところが、18世紀から19世紀にかけてのヨーロッパでは、制定法に反する慣習法の効力を否定したり制限したりする法典が編纂されるようになり、慣習法は二次的な法源へとその立場を変えていった。

わが国で法の適用に関する通則法3条は、国家社会の秩序をみださず、法令の規定により認められたか、あるいは成文法に規定のない事項についてのみ法律と同一の効力を有するものと規定し、補充的効力を認めている。社会生活は複雑であってすみずみまで成文法で規律することは技術的に不可能であるため、慣習法は成文法が十分に存在しない領域に多くみられるが、その

ほか社会生活で変化の激しい分野などに成立する。商法1条2項は「商事に関し、この法律に定めがない事項については商慣習に従い、商慣習がないときは、民法の定めるところによる」と規定し、制定法である民法に先立つ商慣習法の適用を認めている。

(2)　判例法

判例法とは、裁判所の判決が先例となり後の裁判を拘束する法としての効力を有するものをいう。そして、先例としての価値が増すことによって法的安定性や確実性が評価され、法源としての意義をもつことになる。判例法は慣習法の中での一形態であり、裁判所によって形成されるという意味において他の慣習法とは異なる。

イギリスやアメリカの**不文法主義**をとる国においては、法の大部分が判例の集積からなる普通法（Common law）であり、成文法は普通法を修正したりする場合に必要に応じて制定されるにすぎない。判例法は、最も重要な法源であり、裁判では先例に従う法的義務があるとされる（先例拘束性の原則）。ただし、裁判において先例の拘束性を認められるのは、判決理由の部分であり、しかも問題を解決するための法的判断の部分（ratio decidendi）である。

わが国をはじめ大陸法系の**成文法主義**の国では、形式的には先例拘束性の原則は存在しないので、裁判所は同級および上級裁判所の判決に拘束されないことを原則とする。ところが、裁判の実際において、裁判所は法的安定のため、重大な理由と確実な根拠がない限り軽々しく判例の変更をするものではなく、下級裁判所も訴訟経済などの面からも上級裁判所の判例を踏襲するため、最高裁判所の判例は実質的に先例としての拘束力をもつことになる。（訴訟経済とは、裁判所が判例変更するのでない限り前の判決と同じ判断を下すことになるため、結果が予測されることにより、当事者は訴訟上の費用、労力といった点での無駄を省くこと）。このようなことから判例法の法源性を認めるかについて議論がある。

判例は、法としての効力を有するのではなく、先例としての重要な役割をはたしているだけであるなどの理由で、従来の通説は判例の法源性を否定していた。しかし、判例の事実上の拘束性が認められ、実際には法と同様に作

用することからみれば判例の法源性を否定する根拠もなく、その法源性を認めることが今日においては妥当であろう。

(3) **条理**

条理とは、ものの道理のことであり、事物の本性とか筋道であるといわれることもある。条理の法源性が問題となるのは、裁判で、裁判官がその事件に適用する制定法も、慣習法や判例法も見いだしえない場合である。このようなときにも裁判官は、憲法76条3項により、すべて法にもとづいて裁判をしなければならない。もっとも、刑事裁判では罪刑法定主義の原則から、被告人の行為が不当なものと思われても、適用しうる制定法が存在しなければ無罪を言い渡せばよい。しかし、民事では、このような場合でも法に従った裁判をしなければならない。そこで、裁判官は最後の拠り所として、条理にもとづいて裁判を行うが、ここで条理の法源性が議論されることになる。

スイス民法（1907年）第1条2項は、「この法律に規定のないときは、裁判官は慣習法に従い、慣習法もまた存在しないときは、自己が立法者であったら法規として規定したであろうところに従って裁判しなければならない」と規定し、条理の法源性を認めた。そして、この規定はその後の大陸法に大きな影響を与えることになった。わが国ではそれ以前に、明治8年の太政官布告第103号裁判事務心得第3条で、「民事ノ裁判ニ成文ナキモノハ慣習ニ依リ、習慣ナキモノハ条理ヲ推考シテ裁判スヘシ」と規定し、条理の法源性を認めているとされる。

条理が法源として認められるかの議論の中で問題とすべき点は、条理の内容が一義的に決まっているわけではなく、判断者によって異なる可能性が生じるところにある。このことから、条理は行為の客観的判断基準として社会の多くの人に認められるかぎりにおいて社会規範であるといえるが、法源性については、それ自体は目的観念からの裁判の基準にすぎず、法源ではないと否定せざるをえない。

しかし、裁判官が最後の拠り所を条理に求めることができるということにはそれなりの意義が認められる。また、条理による判決が判例法となることもある。

3　成文法主義と判例法主義

　成文法主義は、ヨーロッパ大陸諸国など大陸法系の国において採用される。わが国では、明治中期にドイツ、フランスから大陸法を継受して法典編纂を行い、成文法主義を採用した。成文法主義をとる国においては成文法が主であって、判例法は成文法を補うものとして機能する（たとえば成文法の適用について判例法が認められる。殺人罪（刑法199条）と堕胎罪（刑法212条）では、刑の重さに大きな違いがある。生まれかかった子について、人であるのか胎児なのかの判断は判例により一部露出説をとる）。

　判例法主義をとるイギリス、アメリカでは伝統的に判例法が第一次的法源とされ、法の重要部分は判例法であり、成文法は第二次的な法源としての意義を有するにすぎなかった。しかし、今日では、これら判例法主義をとる国においても複雑な現代社会を規制するために成文法が増加してきており、その重要性は高まっている。

　判例法主義の国の成文法は、具体的な用語が使われ、極めて詳細に規定される。成文法の基盤に判例法があり、成文法は具体的、詳細な判例法の法則の一部を補充または変更し、あるいはそのまま成文の形にするために制定されるからである。ところが、成文法主義の国の成文法は、法を体系的に抽象的規定によって完全無欠の形で表現することを理想とし、好んで抽象的、網羅的な用語が使用されている。

　成文法主義と判例法主義には、それぞれに長所、短所がある。成文法は、複雑な社会生活を規律するためには明確で適しているが、一度制定されると社会の変化に対して順応しづらいといった特徴をもつ。判例法は、先例拘束の原則に従うが、先例に誤りのある場合、社会情勢に変化が生じた場合などは判例の変更も認められ、裁判官は自由に判断をすることができるといった柔軟性がある。ところが、判例そのものが膨大な数にのぼり、さらに法的価値判断の対象となる部分（ratio decidendi）が判例のどの部分かということも判断がむずかしく、わかりにくいといった欠点もある。

　世界の多くの国は成文法主義をとるが、成文法主義が法の規範性を重視するのに対して、不文法主義は法の事実性を重視するものである。

第3節 法の分類

　法は、区別の基準をどこにおくかによっていろいろに分類される。分類は、研究の便宜のために行われるものであり、必ずしも絶対的なものではなく、相対的なものである。一般的な基準には、法の適用が絶対的か相対的かによる分類（強行法と任意法）、法の効力のおよぶ範囲の広狭による分類（一般法と特別法）、法の規定する事柄による分類（実体法と手続法）、国家の内外関係による分類（国内法と国際法）などがある。

1　公法と私法と社会法

　法を公法と私法に区分することは一般的に行われているが、その区別の基準についてはあいまいで定説がない。主要な学説は次の通りである。

(1)　利益説

　この説は、法の目的に注目し、保護する利益の性質に区別の基準を求めるもので、公益を保護する法は公法であり、私益を保護する法は私法であるとする。この説は、ローマの法学者ウルピアヌスにより提唱された。ウルピアヌス（Domitius Ulpianus 170–228年）は、「ローマのことに関する法は公法であり、各個人の利益に関する法は私法である」と唱えた。たしかにこの基準は妥当なものであるかのようにも見られるが、多くの場合に公益と私益の区別ははっきりせず、一面においては公益を保護するが、他面においては個人的な利益を保護するといったこともある。

(2)　主体説

　この説は、法の規律する法律関係の主体に区別の基準を求めるもので、法の規律を受ける当事者の双方または一方が公的な存在（国家又は公共団体）である場合を公法といい、私人のみである場合を私法というのである。この説では、公的機関が行う売買、請負などの契約まですべて公法に関するものとされなければならなくなる。

(3)　法律関係説

　この説は、法の対象となる法律関係の実体に区別の基準を求めるもので、国家の政治関係を規律する法が公法であり、非統治関係を規律する法が私法

であるとする。これは言葉をかえれば、国家関係の法（公法）と社会関係の法（私法）ということもできるもので、理論的に明解であり、従来の通説となってきた。けれども、この説において社会の法とされる私法も、実際には国家権力を背景に効力をもつこととなる点において問題が生ずる。

(4)　生活関係説

この説は、社会生活の実質に区別の基準を求めるもので、人びとの生活関係を、国民としての生活関係（納税など）と、人間としての生活関係（売買など）とに分ける。そして、前者を規律する法を公法、後者を規律する法を私法とするものである。

このほかにも公法と私法の区別の基準については多くの学説があるが、一般的には、**公法に属するものとして、憲法・行政法・刑法・訴訟法**などがあり、**私法に属するものとして民法・商法**などがあるとされる。

また、公法と私法のいずれにも属さない**中間法域**にあるものとして、**社会法**が認められるようになった。従来の資本主義社会の法、とくに私法の分野は、自由と平等の理念から個人の自由な意思を尊重する立場で法が制度化され、国家不干渉、私的所有権の保護、契約の自由などの原則によって支配されてきた。ところが資本主義の発展が高度化するにつれて、市民の間の経済的社会的力関係の優劣が生ずることとなり、その弊害が著しくなった。そこで弊害を是正するため、国家の市民社会に対する積極的関与が必要となったのである。社会法は、経済的社会的弱者を保護し、実質的な自由と平等を実現しようとする法分野で、労働法・経済法・社会保障法・環境法などが属する。

2　強行法と任意法

強行法と任意法の区別は、法の適用が絶対的であるか、相対的であるかによる。当事者の意思にかかわらず適用される法が強行法、当事者の意思によって適用を排除しうる法を任意法という。たとえば、「人を殺した者は、死刑又は無期若しくは5年以上の懲役に処する」（刑法199条）という規定は強行法であるから、本人の意思如何にかかわらず刑罰が科される。これに対して、「売買契約に関する費用は、当事者双方が等しい割合で負担する」（民

法558条）という規定は任意法であるから、当事者双方の相談により費用の負担割合を自由に定めることができる。また、強行法であるか任意法であるかの判断の基準については、公益に関するもの（民法90条）が強行法となり、公益に直接関係のないもの（民法91条）が任意法となる。強行法は、憲法・行政法・刑法・刑事訴訟法・民事訴訟法など公法の領域に多くみられるのに対し、任意法は、民法・商法など私的自治の尊重される私法の領域に多くみられる。

3　一般法（普通法）と特別法

　一般法と特別法の区別は、法の効力のおよぶ範囲を基準とする。一般法とは、人、場所、事柄について、広く全般的に効力のおよぶ法をいう。これに対し、特別法とは、法の効力が特別の範囲に限定されておよぶ法をいう。たとえば、特定の人を対象とする国家公務員法は特別法であるが、すべての人を対象とする民法、刑法などは一般法である。また、事柄についての区別でみるならば、商法は商事に関する事柄を定めたもので、市民社会全般を規律する民法の特別法となる。ただし、一般法と特別法との関係は相対的なものであるため、民法に対して特別法となる商法も、手形法（商取引における手形行為についてだけ適用される法）や小切手法に対しては、一般法ということになる。

　特別法と一般法には、その効力に優劣があり、抵触する場合には「特別法は一般法に優先する」という原則によって、まず特別法が適用され、一般法は特別法の規定がない部分について補充的に適用される。

4　実体法と手続法

　実体法と手続法の区別は、法の規定する事柄を基準とする。実体法は、権利義務の実体（内容、性質、発生・変更・消滅の要件など）を定めた法であり、手続法は、権利義務の具体的な実現（行使、保全、履行、強制など）の手続を定めた法である。民法、商法、刑法などは実体法に属するものであり、民事訴訟法、刑事訴訟法などが手続法に属する。もっとも、実体法中に手続規定（たとえば民法117条の証明責任に関する規定）が認められるし、手続法の

中にも実体規定（たとえば刑事訴訟法134条の出頭拒否と刑罰に関する規定）が認められる。実体法と手続法は分離して存在するわけではなく、相互に機能しあうことにより、秩序の維持、権利の実現がはかられるのである。

5　国内法と国際法

　国内法と国際法の区別は、法の主体および効力範囲を基準とするものである。国内法とは、その法を制定した国家の内において、国家と国民の関係や国民相互の関係を規律する法であり、国際法は、国際社会における国家間の関係を規律する法である。国内法が、国家の権力によって裏付けされた強制力を持ち、裁判所の判決も強行機関によって執行されるのに対して、国際法は、国内法のような権力の背景をもたないために強制力を発揮しづらく、その執行作用に疑いがあるといわれてきた。しかし、国際化の進展と共に国際法の拘束力は増してきている。また、国内法と国際法の関係については、両者が統一的な法体系を形成するという一元論と、別個の法体系として存在するという二元論がある。一元論が通説であるが、この説にあっては、両者の効力の優劣が問題となる。

第4節　法の目的

1　正義の実現

　個々の制定法には、最初に立法目的を掲げているものがある。つまり、個々の法律にはそれぞれ目的とするものがあるが、その共通的課題は正義の実現である。すなわち、一般的に法は正義の実現、正義という理念を通じて人間共同社会における幸福の追求を目的とする。共同生活における人間の幸福を確保するという目的に対し、法は具体的実現のための手段ということにもなる。正義の内容は、平均的正義と配分的正義とに分けられる。平均的正義は、人を権利能力者として平等に扱うということであり、配分的正義は人の能力に応じて扱うことである。つまり、形式的平等と実質的平等とに対応しているのである。

2　法的安定性

　個々人の幸福追求を強調しすぎると、共同生活を乱し、かえって人間の幸福を害することにさえなる。社会生活の秩序の維持・発展が人間の幸福をもたらすこともある。そこで、正義は法的安定性を必要とすることになる。法の目的は人間の幸福を実現することであり、そのために正義の実現と法的安定性の確保が要求されるのである。

第5節　法の効力

1　時間的効力

⑴　法律の施行

　法律は国会で可決されて成立し、**官報**にて公布されるものであるが、公布の日から直ちに効力が生じるものではない。施行があってはじめて効力を有するのである。**施行**とは法律の効力が現実に発生することをいう。いつから施行するかは、その法律の附則や施行法で定められるのが、一般的であるが、施行日を定めなかったときは、公布の日より起算して満20日を経た日から施行されることになる（法適用通則法2条）。

　公布日と施行日との間には、法律を周知させるための期間や準備期間が置かれるのが通常である。日本国憲法は「公布の日から起算して6箇月を経過した日（昭和22・5・3）から、これを施行する」（憲法100条1項）として、長期の周知期間をおいた。

　法律の有効期間は施行の日から廃止される日までであるが、ほとんどの法が廃止失効の日を定めず、永久法として制定されている。例外的に立法政策上あらかじめ失効日を定めている法律を制定することがある。これを時限法という。ちなみに、新法は旧法を廃止する効力を有する。「新法は旧法を破る」のである。

⑵　法律の将来効

　法律は施行の日から効力を生ずるので、施行以前の事項についてはその法律を適用しないことを原則としている。これを**法律不遡及の原則**という。特に刑法においては厳守されなければならない重要な原則である。憲法上も「何人も、実行の時に適法であった行為……については、刑事上の責任を問

われない。……」（39条）と定めて、不当な人権侵害にならないようにしている。

　ただし、施行前の事項について、新法を適用しても人びとの生活に不利益にならず、かえって法秩序を維持できるようなときには、遡及効を認めることがある（民法・附則4条）。

2　空間的効力

　人や場所に対して法の効力をどこまで及ぼしうるか、については属人主義と属地主義の2つの考え方がある。**属人主義**は、法の効力範囲は人によって定まるという考え方であって、人がどこにいようとも、その人が所属している国家の法の適用を受けるとするものである。それに対し、**属地主義**は、法の効力範囲は国家の領土内にかぎられるのであるが、その国内にいるかぎり、国民であろうとも外国人であろうとも区別なく法の適用を受けるとするものである。近代法は、国家の主権を重要視するので、属地主義を原則とし（たとえば、刑法1条）、例外的に属人主義を採用している（刑法3条）。

第6節　法と政治

1　立法と政治

　多くの法は、唯一の立法機関である国会においてつくられている。議員あるいは内閣が法律案を提出し、衆議院・参議院で審議・可決されて法律となり、公布・施行を経てその効力を生じ、法律としての機能を果たす。法が制定される背景には、国民の要請があり、国民の代表者である議員を通じてその要請は法となる。法は共同社会の必要性・幸福のためにつくられるのが理想である。

　ところで、国会に提出される法律案の大多数は内閣提出によるものである。したがって、原案の作成は行政主導で行われることになり、しかも内閣を組織しているのは国会における多数党であるので、その原案がそのまま法律になることがほとんどである。この点、法律は政治に左右されることになり、政治権力・政治の変動を反映させているのである。つまり、政治が法をつくることになる。

2 法治主義

　近代国家のほとんどが法治主義のもとにあり、日本も例外ではない。政治形態は代表民主制をとり、国民の中から選挙によって選ばれた者が政治権力を担って行使する。その政治権力・国家権力は一人歩きをして容易に人権を抑圧し、専制支配になりやすい宿命をもっている。それを防ぐために、国家権力といえども法に従って政治をしなければならない、とする法治主義が登場するのである。さらに、権力を集中させず、立法権・行政権・司法権を分立させ互いに抑制し合う三権分立制を採用している。これらは、基本的人権の尊重を前提とする人間社会の幸福を維持・発展させるために考え出され、実行されているシステムである。このように、政治といえども法のもとにあることが理想とされ、法は正義を実現させる機能をもち、政治も正義の実現を目指さなければならない。政治がこの目的から逸脱するときは、法が政治を規制することになる。

　法と政治とは密接な関係を有し、相互に影響し合うのであるが、政治が多くの法をつくるゆえに法は政治に従うと考えるのは誤りであって、人の人に対する支配ではなくして、法による支配・政治に対する法の優位性を認めなければならない。

第7節　法の適用と解釈

1　法の適用

(1)　紛争の解決

　法は人間生活の相互関係を規律するものでもあるので、人の間に紛争が生じると、その解決のために法が働くことになる。たとえば、人を殺せば原則として刑法における殺人罪・民法における不法行為に該当することになる。法を適用するのは、おもに裁判所の仕事である。そこでは、事件となった事実を確定し、それに適用する法をさがし、結論を導き出すのである。つまり、法を大前提とし、事実を小前提として、三段論法の形式により結論を出すのである。これを法の適用という。刑法199条の規定が存在し、人を殺した事実があって、死刑という結論に達するということである。

　ところで、紛争を解決するための手段は、裁判だけではない。当事者間の

話し合いによっても解決されることもある。日本の現状では、裁判によるよりも話し合いによる方が多いといわれている。さらに実力行使による解決方法もある。ある意味では、最もてっとり早い紛争解決方法であるといえる。身内が殺されればその仇討をし、借金を払わないときには腕力で取り上げるといった方法である。要するに力の論理でする解決方法である。しかし、近代法制のもとでは、このような自力救済は原則として認められていない。生じた紛争はなんらかの方法で解決されないと共同社会の維持が保てなくなる。だからといって、強者の弱者に対する支配を認めてしまうならば、法の目的である正義の実現は不可能となってしまう。そこで実力行使による解決方法は認められないのである。

　ともあれ、紛争が生じた場合の最終的解決手段は、裁判所において法を適用して行うことである。

⑵　事実の認定

　法を適用するためには、その前提として、まず事実の認定をしなければならない。その事実の認定も単に自然的事実を認定するだけではない。具体的事実の中から、法の対象となるべき事実をさがし出し、法的価値判断をして、必要な事実だけを選択して復原形成するのである。ここでは、一方で適用すべき法律を睨みながら、他方で事実を追求することになる。

　事実の認定は過去に生じたことを対象とするため、証明することが困難であることが多い。法は、このような場合、一定の法政策的価値判断により、事実の推定や擬制を行うことがある。たとえば、死亡の時期の先後がはっきりしないときは「同時に死亡したものと推定」するのである（民法32条の２）。この**推定**は、これとちがう事実が証明されると覆ることになっている。胎児は、相続に関してはすでに生まれたものとみなされている（民法886条１項）。生まれてないにもかかわらず、生まれたものと擬制されるのである。「**みなす**」と擬制された場合には、反証が認められないのが特徴である。

2 法の解釈

(1) 法の解釈とは

　事実が認定されても、直ちに法を適用することはできない。法文は抽象的・一般的に表現されているため、具体的事件に適用するためには、抽象的表現を解釈して具体化しなければならない。ここに法の**解釈の必要性**が生ずる。**法の解釈**とは、法文の抽象的・一般的な意味内容を正確に明らかにすることである。しかし、法の解釈は単に字義の解釈だけにとどまってはならない。法はその制定の瞬間から古くなり、社会の現状と遊離してしまう運命を背負っていて、法の形式的適用は弊害を生む危険性をもつ。これを防ぐためにも法の解釈は必要とされるのである。法の解釈は、法の適用の結果、具体的妥当性と法的安定性が保たれるようにしなければならない。

(2) 解釈の種類

　法の解釈にはいろいろな方法があるが、ふつうは、有権解釈と学理解釈の2つに分かれるものとされている。

　(a) **有権解釈**とは、強制解釈ともいわれ、国家機関によってなされる解釈のことで、三種に分けられる。

　(i) **立法解釈**——立法による解釈であり、「この法律において「物」とは、有体物をいう」（民法85条）のように規定の上で解釈されている場合である。

　(ii) **司法解釈**——裁判所による解釈で、刑法上、人であるためには母体から一部でも露出してればよい（大判大8・12・13刑録25輯1367頁）とされる場合である。

　(iii) **行政解釈**——行政官庁によって回答・通達などの形式でなされる解釈である。

　(b) **学理解釈**とは、学者などが学理的思考によってなす解釈である。これは文理解釈と論理解釈と目的解釈がある。

　(i) **文理解釈**——法律に表わされた言葉や文章をもとに語意や文法などに従って理解する解釈であって、最も基本的な解釈方法である。

　(ii) **論理解釈**——法律の文理を解釈しながら他の条文や法体系に矛盾しないか論理的に理解する解釈である。

㈽　**目的解釈**──法律・条文のつくられた目的にしたがってなす解釈である。

⒞　具体的な結論を見出すために以下の解釈技術がある。

①　**拡張解釈**──法文の意味を通常の意味よりも広く理解する解釈で、文理解釈では狭すぎて法の目的を達せられないときに用いる。

②　**縮小解釈**──拡張解釈の反対で、通常の意味より制限的に理解する解釈である。

③　**反対解釈**──ある事項に関する規定がないために他の規定の反対面からその事項について理解する解釈である。

④　**類推解釈**──ある規定を、その規定の対象となる事項ではないが、同じ法的価値判断が望まれるため、これと類似する事項に適用しようとする解釈である。罪刑法定主義を原理とする刑法では認められない解釈である。

第8節　法学の歴史

　法学は、法律学ともいわれ、法のあらゆることに関して研究する学問であるが、より正確には、法の基本構造・基本原理を見出し、その体系的・総合的な考察をする学問であるといわれる。法学の最も古く、伝統的な分野は、法解釈学である。法解釈学は、時代の要請に従いその形を変えていったが、ローマ法以来、発展し、19世紀末のドイツにおいて、その最高潮をむかえていた。それは、法的概念の定義や精緻な分析を行い、そして法の体系的な構築を目指し、制定法の形式的・論理的適用により、具体的事件の解決をはかるものであった。この解釈法学は、法の完全無欠の論理体系を前提とした制定法の形式的適用を容認していたので、19世紀以来の急激な社会変動に対応することができず、社会の実情と法とが遊離する結果をまねいた。そこで、これまでの解釈法学はあまりにも概念的すぎて弊害を生むとして、自由法論が勃興し、その後、他の社会科学における方法論をも利用して、生きた法を分析し、適宜な法を求め研究するようになった。現代の法学においては、多彩な方法論を用いることにより、法学の研究対象──制定法の条文だけでなく──を広げ、法とはなにかを求めているのである。

1　古代の法学

　現存する成文法で世界最古のものとしてはハムラビ法典（約4000年ほど前のもので、ペルシャ地方から発見された）があるのであるが、当時の法学がどのようなものであったかは明らかでない。法学らしい学問が登場するのは、ギリシャにおけるプラトン（理想国家論）やアリストテレス（政治論・正義論）によってであるといわれている。ついで、現代の法の基礎・源であるといわれるローマ時代につくられたユスチニアヌス法典を挙げることができる。ローマ法は、この法典に集約されているといわれ、それは主として私法方面において発達し、実際的な法であった。

2　中世の法学

　12世紀初頭、イタリアのボロニアにおいて、ローマ法、特にユスチニアヌス法典の研究をした一団があった。法典の註釈を主として研究し、ローマ法の精神を後世に伝えたので、註釈学派と呼ばれている。13世紀なかば以降には、スコラ哲学の影響のもとに、ローマ法を当時の社会生活に適用するために、その実用化の研究を行った後期註釈学派が盛んになった。

3　近世および現代の法学

(1)　中世

　ローマ法の影響をうけた中世ヨーロッパ法は、近世になると自然法思想を発達させていった。ローマ時代や中世教会法のもとにおいても、自然法思想は存在していたが、近世の自然法思想は、人間の理性・本性によって永久不変の法（自然法）を見出し、いつ、どこでも適用する正義の法を実定法の上位に置こうとするものである。理性法とも呼ばれる。

(2)　近世

　18世紀末から19世紀にかけて西欧諸国では、法典の編纂が企てられたが、この法典編纂の仕方をめぐって、歴史法学が発達することになる。法は人為的につくるものではなく、民族の精神に従って自然に生成されるべきものと考え、サヴィニーはドイツ民族の法の歴史をローマ法であると考え、ローマ法を研究してその原理により法概念の体系化をはかった。この学派は、ドイ

ツ民法典に代表されるパンデクテン法典に結実し、法解釈学としての概念法学を樹立するに至った。

⑶　**現代**

19世紀末になると、概念法学のみでは新たな社会情勢に対応しきれなくなり、イェーリングは、法は自然に生まれるものではなくして、目的が法をつくるのであると功利主義の立場からの法学方法論を主張した。これをきっかけに自由法論が展開され、変遷する社会に適用できる法の解釈・創造が目的とされるようになった。その後、利益法学・実利法学などが登場し、さらに法現象を社会学的方法をもって研究しようとする法社会学までも成立するようになるのである。

現代の法学は、これまでの成果を踏まえ、法解釈学を中心として、法社会学・比較法学・法史学・法政策学といった多彩な研究方法により、法の機能を分析し、法とはなにか、を明らかにしようとしている。

第9節　法の分科

1　法の分科

⑴　**伝統的種類**

法は、その基準のとり方によって、いろいろな分類ができることは前述したとおりであるが、伝統的な分け方である公法・私法・社会法に従っておもな現行法を分けてみると次のようになる。

⒜　**公法**

(ⅰ)憲法──日本国憲法

(ⅱ)行政法──国家行政組織法・地方自治法・行政事件訴訟法・所得税法・警察法・都市計画法・公害対策基本法・教育基本法

(ⅲ)刑事法──刑法・刑事訴訟法

⒝　**私法**

(ⅰ)民事法──民法・不動産登記法・戸籍法・建物の区分所有等に関する法律・借地借家法・利息制限法

(ⅱ)商事法──商法・会社法・手形法・小切手法

⒞　**社会法**

　　(ⅰ)労働法——労働基準法・労働組合法・労働関係調整法・労働契約法
　　(ⅱ)経済法——私的独占の禁止及び公正取引の確保に関する法律・不正競争
　　　　　　防止法

⑵　新しい種類

　最近の法学研究の進歩により、新しい法分野が開拓され、1つの法体系を創造するようになってきた。新しく生じてきた法分野には、その法分野の名を持つ制定法などない場合が多く、公法分野・私法分野の区別なく総合的に研究されていくのである。ちなみに、新しい法分野を含む分類の1つの例を掲げると次のようになる（国立国会図書館参考書誌部監修・法律判例文献情報研究会編集『法律判例文献情報』第一法規発行から引用）。①法律一般　②法学・法哲学　③法制史　④憲法　⑤民法　⑥商法　⑦刑法・刑事法　⑧司法制度　⑨民事訴訟法　⑩刑事訴訟法　⑪行政法　⑫特別行政法　⑬国会法・選挙法　⑭地方自治法　⑮財政法・租税法　⑯警察・消防法　⑰文化法　⑱教育法　⑲土地・住宅法　⑳交通・通信法　㉑環境・公害法　㉒医事・薬事法　㉓産業・経済法　㉔貿易・為替関係法　㉕金融・保険業法　㉖消費者法　㉗知的財産法　㉘労働法　㉙社会保障・厚生法　㉚国際法　㉛国際私法　㉜外国法。

2　法学の分科

⑴　法学の種類

　法の分類の一種である公法・私法・社会法の区別に対置して、法学も公法学・私法学・社会法学に分けることができる。公法学は憲法学・行政法学・税法学・教育法学・刑事法学・刑事訴訟法学などに分かれる。私法学には、民法学・商法学などが属する。社会法学は労働法学・経済法学などに分けられる。

　以上は国内法における分野であって、国内法・国家法に対しては国際法があり、これに対置するものとしては、国際法学がある。

⑵　学理的種類

　法学を研究する学問的方法論という観点から、法史学・法解釈学・法社会学・比較法学・法政策学・法哲学などに分けることができる。

⒜　法史学

法制史ともいわれ、過去に実在した法の歴史的研究をする学問である。国別や実定法の各部門別に分けることもでき、また、ローマ法制史・西洋法制史・東洋法制史・日本法制史とに分けることができる。

⒝　法解釈学

法規の意味内容を明らかにする解釈や適用を研究対象とする学問で、現代においても法学上重要な分野である。

⒞　法社会学

社会学的方法により、社会現象としての法を研究しようとする学問である。制定法上の規定を解釈研究するよりも、社会の中に実在している法を見出し、認識・評価して法学のために役立たせようとするものである。いわゆる生ける法の研究である。

⒟　比較法学

2国以上の法すなわち別種の法の存在を比較研究する学問である。地理的・歴史的・民族的に異なる法現象を比較研究し、それぞれの相違を明らかにして、共通の法原理を認識しようとするものである。

⒠　法政策学

立法政策学ともいわれ、将来における理想的な法を実現せんとする学問であり、刑事政策学などがある。

⒡　法哲学

法の本質・目的など法の基礎理論・究極的原理を研究する学問である。

⒢　このほか、法論理学や法心理学などが考えられる。

⑶　**法系の種類**

法系による区別も存在する。永い歴史の過程で法が生まれ、継受され、発展していくような法は、特定の国家・民族だけにとどまっていることはない。他の国家・民族へと展開していくものである。そのような法の系統を法系という。日本では、古代よりアジア法系とりわけ中国法系の影響を強く受けていたといわれているが、近代法制のもとでは、大陸法系であるドイツ法系・フランス法系を継受し、戦後においては英米法系であるアメリカ法の影響が強い。このほか社会主義法系に属する旧ソビエト法系も存在している。

第2章　憲法の世界

第1節　憲法とは何か

1　憲法という用語

　憲法という漢字2文字の用語は、今日われわれにとっても身近なものであり、学生諸君は「日本国憲法」はむろんのこと、「明治憲法」やまた諸外国の憲法等について、ある程度までの一般的な知識は有していると思われる。しかしこの知識はかなり曖昧なものといわざるを得ない。これに対し、われわれが学ぼうとする憲法学の対象としての憲法概念については、厳密さが要求される。

　当然のことながら漢字文化の中で形成されてきた憲法という2文字の用語は、中国古典「憲ハ法也。（爾雅、釋詁上）」や「乃發¯憲命¯。（注）憲法トフ謂¯法令ヲ¯。（穆天子傳、六）」にみられるように、本来、「のり、おきて」等、道徳規範あるいは法一般の意味しかもつものではなかった。わが国の聖徳太子「一七条憲法」の用法など、まさにこれを示すものである。そこに掲げられる内容は、「和を以て貴しとなす」を筆頭に、いわゆる当時の官人を対象とした道徳規範であり、また服務規律である。このような意味での憲法という語の用法は、それ以後、今日にいたっても行われている。

　ところで、われわれがこれから学ぼうとする憲法という用語のもつ意味は、それとは全く異なっている。たとえば「日本国憲法」といった場合の憲法の意味は、国家の統治の基礎を定める法（**基本法、根本法**）である。実は、この意味での憲法という語の用法は、幕末から明治にかけ西欧の政治・法思想が導入された際、英語の constitution（仏語も同じ）あるいは独語の Verfassung の訳語として登場したものである。その例として、明治6年の林正明訳「合衆国憲法」、箕作麟祥訳「仏蘭西法律書憲法」等があげられる。ただこの訳語としての憲法という用語には、**立憲政治**の思想的背景があり、それを無視して憲法学の対象としての憲法を語ることは適切でない。

2 憲法と国家

　憲法学の対象としての憲法が、国家の基本法あるいは根本法であることは
すでに指摘したが、では憲法がその基本法、根本法となる国家とはいかなる
存在なのであろうか。国家と呼ばれる社会団体がどのような性格また様式を
有する存在なのかについては、時代的にも地理的にも相違することから、必
ずしも一定しているわけではない。しかし「近代国家は、一定の地域を基盤
として、その所属員の包括的な共同目的の達成を目的に、固有の統治権に
よって統一された継続的団体である」という点では、一致をみている。この
ことから、地域（領土）、所属員（国民）、統治権を合わせて**国家の3要素**と
されている。

(1) 領土

　国家が排他的に支配し、かつ自由に使用、処分し得る地域を「領土」とい
い、湖・河川・港湾を含む「領陸」、「領陸」を取り囲む一定の海域である
「領海」、さらに「領陸」および「領海」を覆う「領空」より成立っている。

　なお、領海は基線から12海里（約22.2km）、その外側に接続水域として12
海里、さらに基線から200海里（約370km）の排他的経済水域が設けられてい
る。

(2) 国民

　　国家の人的要素である所属員を「国民」といい、誰がその国の国民とな
るか（**国籍**）については、それぞれの国家法により定められる。日本国憲法
は、「日本国民たる要件は、法律でこれを定める」（10条）とし、国籍法に委
ねている。

(3) 統治権

　ここでいう統治権とは、一定の領土内において、そこにいる自国の国民や
外国人等を支配し、国家自身の意思力を強制し得る権利をいう。具体的に
は、①領土高権（領土内の人および物を支配する権利）、②対人高権（国民を支
配する権利）、③権限高権（国家の組織・権限の在り方を自らの意思により定め
ることのできる権利「自主組織権」）があげられる。

　憲法は、このような3要素をその本質とする国家の基本法、根本法であ
る。

第2節　憲法の意味と立憲主義

1　憲法の意味

　一口に憲法といっても、その概念は多義的であり、いかなる意味で用いられているのか、注意を要する。ここでは代表的な区分に従って、その特徴をあげてみる。憲法の概念は、大きく「**形式的意味の憲法**」と「**実質的意味の憲法**」に分けられる。

(1)　形式的意味の憲法

　これは、憲法を成文の憲法典という形式に注目して捉えた概念であり、したがってこの場合の憲法とは**成文憲法典**を意味する。大体において後述する「実質的意味の憲法」が成文化されたものであるが、なんらかの理由で、「実質的意味の憲法」が成文憲法典の外に置かれることもあるし、逆にまた成文憲法典の中に「実質的意味の憲法」に属さない規定が入り込むこともある（かつてスイス憲法旧25条の2が「出血前に麻痺せしめずに動物を殺すことは、一切の屠殺方法および一切の家畜について例外なくこれを禁ずる〔1973年に改正・削除〕」と規定していたのは、その代表例とされる）。

　「日本国憲法」、「アメリカ合衆国憲法」等世界各国は、「形式的意味での憲法」を有しているが、イギリスは成文憲法典を有しないという点で、その例外としてあげられる。

(2)　実質的意味の憲法

　ある特定の内容をもった法規範を憲法という場合が、これにあたる。ここでは成文か不文かは問題とされない。「実質的意味の憲法」はさらに2つに分けられる。

(a)　固有の意味の憲法

　国家の根本組織、作用を定める（国家統治の基本を定める）法規範一般を指して憲法という場合が、これにあたる。この意味での憲法は、「国家あるところ憲法あり」といわれるもので、古今東西を通じ社会・経済体制が異なっても、国家と不可分な存在である。

(b)　立憲的意味（近代的意味）の憲法

　近代立憲主義の特徴的要素をその中に盛り込んだ憲法を指して憲法という

場合が、これにあたる。すなわち近代立憲主義は、自由の保障と権力分立による国家権力の制限を原理とするが、これを内容とする憲法が「立憲的意味の憲法」である。1789年の**フランス人権宣言16条**「およそ権利の保障が確保されず、権力の分立が確立されていない社会は、憲法を有するものとはいえない」は、「立憲的意味の憲法」の本質を端的に表わしたものといわれている。

なお、「実質的意味の憲法」(国家の根本構造とその作用にかかわるルール全体)が具体的にどのような存在様式をとるかについては、憲法典、憲法慣習、憲法習律、重要な法律(たとえば、日本の法でいえば、内閣法、国会法、裁判所法など)などがあげられる。

2 憲法と立憲主義

立憲主義とは、国家の統治は憲法に基づいてなされなければならないという思想をいう。より具体的にいえば、国家を統治する権力というものは濫用されがちであり、権力行使の濫用を抑制し権力行使の対象となる人々の利益を保護するためには、「憲法による政治」が必要であるという考え方である。もちろん、これにはそのための憲法の制定という要請も含まれる。

立憲主義という考え方は、大変、広い意味をもっており、すでに古代ギリシャ・ローマでその形態(政治権力の分割とその相互的な牽制による権力の濫用の防止)の実現が試みられ(古典的立憲主義)、また中世イギリスにおいては「高次法(higher law)・根本法(fundamental law)」の存在の想定(「法優位」の思想)に基づく「法の支配(rule of law)」(中世立憲主義)が主張された。ちなみにこの時代の「法の支配」という考え方をあらわす代表的な言葉に、「国王は何人の下にもあるべきでない。しかし神と法の下にあるべきである」(ブラクトン)がある。ここには、国王という絶対的権力者の権力行使ですら「高次法」に従わなければならない、つまり制限を受けるのであるという意味がこめられている。ただ一つ注意しておかなければならないことは、国王の権力行使さえ制限できるという「高次法」(中世における「法の支配」という考え方)が保護しようとしたものは、その時代の貴族、僧侶といった一定の身分をもつ人々の特権であったということである。ここでは、

いわゆる一般市民・国民といった人々の権利の保護は考えられていない。その点で、近代、現代における「**法の支配**」とは大きく異なる。

　立憲主義という考え方は、その後、さまざまな思想（特に、ロックやルソーなどの近代自然法論）の洗礼を受け、近代市民革命をへて近代立憲主義へと進んでいく。この近代立憲主義こそ、われわれが憲法を学ぶにあたっての出発点といってよい。

(1)　近代立憲主義

　近代立憲主義の基本原理とされるものは、**自由の保障、権力の分立、国民主権**の3つである。

　近代市民革命によって、旧来の身分制社会から解放された各個人は、その経緯から個人の「自由かつ自律的な活動の中にこそ人間の幸福がある」と考えた。その結果、従来、個人の人権を侵害してきた主体が国家であるという事実から、「個人の自由」の確保を**国家からの自由**の保障と捉え、このような意味での「自由」を権利（**自由権**）として主張したのである。具体的には、近代市民革命の担い手であった市民層は、旧体制の下で自分たちが制限また侵害されていた「経済活動の自由」や「信教の自由」などを、権利として憲法に明示させたのである。このような事情から近代憲法においては、「国家からの自由」というタイプの人権の保障が主たるものとなる。

　このタイプの自由権の保障を基本原理の一つとする近代立憲主義の思想は、国家がどのようにあるべきか（国家観）についても、特定の考え方を示す。すなわち、権力を独占する国家は市民社会の自律性を尊重し、個人の私的領域への介入はできるだけ慎むべきであるというのである。そのような国家を、一般的に、**消極国家・夜警国家・自由国家**（国家は、治安・警察・防衛・外交など最小限の機能を果たす以外は、自由放任の原則に委ねるべきである）と呼ぶ。

　また自由を侵害してきた主体が国家権力であったことから、自由の保障の手段としての国家権力の制限という考え方が現れる。そしてこの考え方は、具体的には、権力分立論という形で論じられることになるが、上記のような背景を見ると、権力分立論が自由主義と密接に関わっていることがわかる。ちなみに、権力分立論の中でも**三権分立**を定式化したのがモンテスキュー

（Montesqieu, 1689-1755）で、そこには現在の三権分立制（立法、行政、司法）の原型が示されている。

さらに、自由の保障と権力の分立を基本原理とする近代立憲主義という考え方には、国民が主権者（国民主権）としてこの憲法を制定する（国民が「**憲法制定権力**」を有する）という要請も含まれている。

(2) 現代立憲主義

近代立憲主義の原理は、近代から現代へと移行する過程で大きく変化していく。もともと、近代立憲主義の重要な要素として、国家が個人の領域に干渉しないという消極的側面（消極的国家、夜警国家、自由国家）があげられてきた。ところが、資本主義の発展に伴う社会的弊害の発生、選挙権の拡大による労働者・農民の政治参加の増大、階級闘争の激化と社会主義思想の普及は、国家に対し社会のさまざまな出来事に対する、より積極的な役割（**積極国家**）を求めるようになる。このことは、具体的には、「**社会国家化**」、「**行政国家化**」、「**政党国家化**」、「**司法国家化**」という形になって現れる。

(a) 社会国家化

19世紀から20世紀にかけて資本主義の高度化に伴いさまざまな弊害・矛盾（富の偏在、労働条件の悪化、独占的グループの登場など）が生じた結果、従来の国家からの自由（国家に対し不干渉を求める、消極的国家・自由国家）といった概念では、人権の真の保障（人間としてふさわしい生存の確保）が不可能な事態にいたった。そこで、人権の保障を実質的なものとするために、国家の市民生活に対する積極的加入という役割（積極的国家観）に注目する**社会国家**という概念が登場する。ここでは、国家に公共事業の創設、雇用の増大、労働者の生活条件の改善、社会福祉・社会保障の整備といった、国民福祉の増進のための政策が求められることになる。

このような内容が、実定憲法上、最初に盛られた例としてあげられるのが、**ワイマール憲法**（1919年）である。ワイマール憲法は、第5章「経済生活」において、「経済生活の秩序は、すべての者に、人たるに値する生存を保障することを目的とする、正義の諸原則に適合しなければならない」（151条）と定め、社会的・経済的弱者の保護、およびそのための国家の積極的義務を定めている。また一方で、「所有権は義務を伴う。その行使は同時に公

共の福祉に役立つべきである」（153条3項）とし、財産権の不可侵性を否定、社会的責任を負うものであることを強調している。

(b)　行政国家化（行政国家現象）

近代立憲主義は、国家権力（絶対王制における君主権力）が人権侵害の主体であったとの経緯から、国家権力の制限による人権保障という観点のもとに、権力分立の制度を採用した。**消極的国家**（自由国家）という概念は、このような制度を備えた国家であろうとも、市民生活の領域に干渉してはならないというものである。しかしながら、資本主義の発展に伴う社会的弊害・矛盾の発生は、市民生活への国家の姿勢の転換が求められることになった。すなわち、社会国家という概念の出現である。

社会国家の理念の実現には、国家に市民生活への積極的な介入が求められた。具体的には、実質的平等を実現するための富の再配分に応えるため、福祉給付行政に見られるような、行政権への権力集中と権力行使の機会の増大である。

現代国家においては、より一層の積極国家・社会国家的活動が求められ、それに伴い行政の任務が飛躍的に増え、行政権が肥大した。その結果、本来であったならば、国民代表機関である立法府が行うべき国の基本政策の形成・決定について、行政府が実質的に中心的な役割を果たしている。またこのことは、行政権をになう**官僚**の役割を増大させるという結果を生んでいる。これを**行政国家現象**という。

行政の役割に対する期待が高い以上、行政国家現象は不可避ともいえる。しかし、人権の保障を確保するための権力の分立という視点に立ち戻れば、行政権をどのようにしてコントロールするか、立法権と司法権の役割が問われることになる。

(c)　政党国家化（政党国家現象）

近代立憲主義は、権力分立制のなかで、国民の選挙によって選ばれる議会を中心に国政を運営しようとした。その過程で登場したのが**政党**である。もともと、近代立憲主義は政党的なものに対して好意的ではなかった。しかし、現代国家において、政党は国民と議会とを媒介する組織として発達し、国家意思の形成に、事実上、指導的な役割を果たしている。これを**政党国家**

現象という。

政党の発達は、基本的には、民主主義の発展に役立ってきた。しかし伝統的な権力分立の基本をなしていた「議会」と「政府」の対抗関係は、政党の発達により「政府・与党」と「野党」との対抗関係へと変化しており、特に議院内閣制においてはこのことが顕著に現れている。たとえば、「伝統的な議院内閣制を特徴づける政府の議会に対する連帯責任や、国会による立法ないし行政監督の諸原則がもつ政治的意味は大きく変わり」、憲法の予定と現実の政治が一致しないということが起きている。議会主義の再生が望まれる理由がここにある。

(d) 司法国家化（司法国家現象）

行政国家化は、行政権（政府）の人権への関わり合いを著しく高めることになったが、また同時に、行政権による人権侵害の可能性も増大させた。一方で、歴史的事実として、全体主義国家（たとえば、ナチス・ドイツ）に見られるように、立法権（議会）が人権を抑圧するということが起きてきた。そこで、新たに、憲法が目指す理念を保障するための司法権（裁判所）の役割が注目されるようになった。すなわち、司法権による議会・政府のコントロールであり、第二次世界大戦以後、特に顕著なのだが、各国では裁判所による違憲審査制の導入という形となって現れてきた。このような司法権の役割の重視という側面を捉え、**司法国家現象**と呼ぶ。

3 憲法の分類

(1) 存在形式による分類（成文憲法と不文憲法）

これは「実質的意味の憲法」の存在形式による分類であり、一般に「成文憲法（written constitution）」と「不文憲法（unwritten constitution）」とに分れる。「実質的意味の憲法」が成文化され、憲法典という形式をとったものが「成文憲法」である。これに対し、それが慣習や判例として存在し、憲法典という形で成文化されていないものを「不文憲法」という。ただ成文憲法の国といっても、「実質的意味の憲法」のすべてが憲法典の中に成文化されているわけではなく、一般の法律の中に憲法規範が存在する場合もあれば、慣例・慣習・習律といった規範として存在していることもある。また不文憲

法の国といっても、全く成文の法規が存在しないわけではない。憲法典を有しない例として前述したイギリスにおいても、憲法典の形式をとった成文の法規が存在しないだけで、幾つかの重要な制定法（マグナ・カルタ、権利章典、王位継承法等）が、イギリス憲法（実質的意味の憲法）の一部を構成している。ちなみに、イギリス憲法は、この他に判例法、憲法習律から成るといわれる。

　以上のことから、厳密にいえば、「成文」、「不文」という文字通りの表現での区別は適当ではなく、むしろ「成文憲法典を有する国」、「成文憲法典を有しない国」というべきであろう。

(2)　改正手続による分類（硬性憲法と軟性憲法）

　憲法改正手続の難易に着目した分類であり、この場合、憲法は「**硬性憲法**（rigid constitution）」と「**軟性憲法**（flexible constitution）」に分れる。この分類は J. ブライスにより唱えられたもので、憲法改正に際し、通常の立法手続（法律の制定、改廃）よりも加重された要件を課しているものを「硬性憲法」、通常の立法手続と同じ仕方で改正できる憲法を「軟性憲法」という。

　近代においては成文の憲法典を有する国家が一般的であり、その大方は「硬性憲法」である。ただしその硬性の度合は様々であり、①普通の立法機関（議会）が行うが、通常の立法手続に比較し、議事の定足数、議決の議員数についてより多数を必要とする場合（明治憲法、ドイツ基本法等）、②憲法改正を審議し、議決する特別の会議（憲法会議）による場合、③通常の立法機関または憲法会議による議決と、国民投票を併用する場合（日本国憲法）等の類型があげられる。

　一方、通常の立法手続で改正できる「軟性憲法」については、次のような３つの場合が考えられる。①憲法改正条項が憲法典の中に存在しない場合（イタリア憲法「サルジニア王国の Statuto Fondamentale」〔1848年〕、ボツワナ共和国憲法〔1965年〕）。②憲法改正条項は憲法典の中に存在するが、一般の法律改正と同じ手続で改正できる旨規定している場合（シンガポール憲法〔1963年〕）。③成文憲法典を有しない場合（イギリス）。

　「硬性憲法」は、当然のこととして、法律に優位する効力を有するのであり、法論理的に見ても最高法規としての性格をもつ。これに対し「軟性憲

法」は通常の立法手続で改正し得るとする点から、憲法に反する法律が制定された場合、憲法改正が生じたことを意味する。その結果、それは法論理的意味での最高法規とはなりえない。

(3)　**制定権力の所在による分類（欽定憲法、協約憲法、民定憲法、協定憲法）**

これは憲法を成立させた主体を基準とした分類である。

(a)　**欽定憲法**

欽定憲法とは、君主国家において、国民またはその代表者を参加させることなく、君主のみによって成立した憲法をいう（フランス憲法〔1814年〕、プロシア憲法〔1848年〕、明治憲法〔1889年〕等）。

(b)　**協約憲法**

君主国にのみみられる憲法で、君主と国民またはその代表者との合意によって成立した憲法をいう（デンマーク憲法〔1953年〕、タイ憲法〔1978年〕等）。

(c)　**民定憲法**

直接ないし間接に国民によって成立した憲法をいい、民約憲法とも称される。一般に最も民主的な手続により成立した憲法ということで、今日ではほとんどの国家でこの形態で成立した憲法がみられる。

(d)　**協定憲法**

複数の国家が連合して一つの連邦国家を創建する場合、これら諸国家は互いの合意により連邦国家の憲法を制定するのが一般的である。この場合におけるように、連合諸国家間の合意協定によって成立した連邦国の憲法を協定憲法（条約憲法、国約憲法）という（アメリカ合衆国憲法〔1787年〕、スイス連邦憲法〔1874年〕、ボン基本法〔1949年〕）。

(4)　**その他の分類**

最近では伝統的な形式的分類を批判し、憲法を社会的、機能的な面から捉えようとする傾向が出てきた。特に注目されるのが、憲法の存在状況に着目した存在論的分析である。

たとえばK・レーヴェンシュタインは、憲法を次のような3類型に分けている。

⒜　規範的憲法

憲法の現実が憲法規範と一致し、政府、議会、裁判所が憲法に従って行動し、またそれによって拘束されている場合。

⒝　多目的憲法

後進的な社会事情、政治的訓練や国民の政治参加がたりないために、あるいはその他の社会学上の諸理由から、憲法規範が目下のところ完全に実現することのできない、単に目標を定めた指導原理とみられる場合。

⒞　意味論的（semantic）憲法

有効な憲法規範が現に権力を握っている者の地位を合法化するためにのみ利用され、私的な社会諸力に対して政治過程への自由な参加を保障しない場合。いわば憲法が形骸化しているもの。

第3節　日本国憲法

1　日本国憲法の基本原理

⑴　憲法前文

前文というのは、法令の前に序文としてつけられた文章（例、教育基本法等）をいい、通常それら法令の目的や精神を述べている。憲法前文の場合には、制定の由来、目的、制定者の決意等表明されるのが一般的である。

前文の場合、性格は、各国それぞれの憲法によりみな異なっている。例えば、アメリカ合衆国憲法のそれは短文であり、単に制定の由来や目的を宣言したに過ぎず、法的意義をもたないという見解が有力である。これに対しフランス第4共和国の前文は権利章典を含んでおり、法的意義が大であると考えられた。日本国憲法はかなり長文の前文を置き、憲法制定時の決意表明や、近代憲法に内在する評価、原理を確認しているという意味で、極めて重要である。

⑵　前文の内容とその法的性格

憲法前文は4段に分かれている。第1段前半では、国民主義の原理及びこの憲法の民定性の表明、さらに後半では、国民主権に基づく代表民主制の原理を宣言している。第2段では、恒久平和を念願する日本国民は、自らの安全と生存の保持を、「平和を愛する諸国民の公正と信義に信頼して」という

態度で臨むとし、平和主義に徹することへの願望を示している。第3段では、国家の独善性を否定し、国際協調主義の立場に立つことを各国の責務であると確認し、第4段で、これらの「崇高な理想と目的」の達成を誓約している。

なお、日本国憲法前文の法的性格については、一般に次のように考えられる。前文は憲法典の一部であり、憲法規範としての性格を有する。その改廃については、憲法改正手続（96条）に基づくことを必要とし、また前文に反する国家行為は違憲である。

憲法前文が**裁判規範**としての性質を有するかについては議論があった。裁判規範とは、広義では、裁判所が具体的な訴訟を裁判する際に判断基準として用いることのできる法規範をいう。これに対し、**狭義では、当該規定（法規範）を直接根拠として裁判所に救済を求めることのできる法規範、すなわち、裁判所の判決によって執行することのできる法規範**をいう。

前文が上記の狭義での裁判規範としての性質を有するかについては、次のように解される。すなわち、前文の内容は抽象的な原理や理念の表明であり、それ自体は本文各条項に具体化されている。それゆえ、裁判規範としては、本文各条項が適用されるべきであり、前文自体が直接適用されるとは考えにくい。ただ前文が抽象的原理や理念の表明といっても単なるそれだけのものではなく、高度の規範性を有しており、本文各条項の解釈・適用の基準でなければならず、憲法の運用に際しては前文の趣旨に沿うようにしなければならないと。**通説・判例は、憲法前文の裁判規範性を否定している。**

憲法前文が裁判規範となり得るか否かが争われた判例を見るならば、**長沼事件第2審判決**（札幌高判昭51・8・5・行集27巻8号1175頁［防衛庁（現防衛省）が北海道長沼町の山林にミサイル基地を建設しようとしたところ、それに反対する地元住民が、基地建設のために保安林の指定を解除した処分の取消しを求めて争った事件]）では、「前文中にさだめる『**平和のうちに生存する権利**』も裁判規範として、なんら現実的、個別的内容をもつものとして具体化されているものではない」とし、また**百里基地訴訟**（最判平元・6・20・民集43巻6号385頁）では、「上告人らが……**平和的生存権**として主張する平和とは、理念ないし目的としての抽象的概念であって、それ自体が独立

して、具体的訴訟において私法上の行為の効力の判断基準となるものとはいえ」ないとし、その裁判規範性を否定している。

　日本国憲法は、前文および本文各章の内容を具体的にみた場合、「**国民主権**」、「**基本的人権の尊重**」、「**国際協調主義、平和主義**」の３つをその基本原理としている。

2　国民主権の原理

　憲法は前文第１段で「日本国民は、正当に選挙された国会における代表者を通じて行動し……ここに主権が国民に存することを宣言し、この憲法を確定する」と述べ、代表民主制および国民主権の原理を採り入れている。では国民主権とは何か。これを理解するためには、この主権という言葉が、いかなる意味で用いられているのかを検討する必要がある。

(1)　主権概念の多義性

　主権（sovereingty）は多義的であり、大きく分けて次の３つの意味をもつ。

　第１は、国家の統治権（国家の支配権、国家権力）を意味する場合である。ポツダム宣言第８項「日本国の主権は……本州、北海道、九州及四国並に吾等の決定する諸小島に局限せらるべし」における主権概念の意味が、これにあたる。日本国憲法41条「国会は、国権の最高機関であつて、国の唯一の立法機関である」における国権という言葉も、ここでいう主権と同義で用いられている。

　第２は、国家権力の最高独立性（国家権力が、国内的には他のどのような権力主体にも優越し最高であり、対外的には他のどのような権力主体にも従属せず独立である）を意味する場合である。なお、今日では、対外的独立性に重きが置かれる。憲法前文３段で「……自国の主権を維持し……」と述べているが、ここにいう主権概念が、この意味にあたる。

　第３は、国政についての最高の決定権または権威を意味する場合である。君主主権、国民主権にいう主権概念が、これにあたる。憲法前文１段「……ここに主権が国民に存することを宣言し……」、及び第１条「……主権の存する日本国民の総意」における主権は、この用例である。

(2) 国民主権の意味

　国民主権の概念は、歴史的にみて、君主主権への対抗概念として、主張されたものである。明治憲法における天皇主権と日本国憲法における国民主権との関係は、この文脈で解されねばならない。

　国民主権の原理は、ここでいう国民（主権の主体）が何を意味するかにより、2つの立場に分かれる。第1は、主権の「**権力性の契機**」を重視する立場である。ここでは、「国の政治のあり方を最終的に決定する権力を国民自身が行使するという、主権の権力的契機」に重きを置く。ここでいう国民とは、国民すべてではなく、実際に政治的意思を表明し得る、有権者の総体（選挙人団）ということになる。この意味での国民主権の原理は、**直接民主制**と結びつく。

　第2は、主権の「**正当性の契機**」を重視する立場である。ここでは、「国家の権力行使を正当づける究極的な権威は国民に由来するという、主権の正当性の契機」に重きを置く。ここにいう国民とは、国家権力の正当化、権威づけの根拠としての国民であるから、有権者に限定されず、未成年者を含むすべての国民ということになる。このような意味での国民主権の原理は、**代表民主制**と結びつく。

　日本国憲法の国民主権の原理は、「権力的契機」、「正当的契機」という2つの要素を包含していると考えられる。これは、具体的には、次のような形となってあらわれている。日本国憲法は代表民主制（憲法前文第1段）を基本とし、これを補完するものとして、憲法改正国民投票（96条）、最高裁判所裁判官の国民審査（79条2項）、地方特別法の住民投票（95条）など直接民主制的な制度を採用している。

(3) 国民主権と象徴天皇制

(a) 象徴天皇制

　日本国憲法は、明治憲法と同様、その冒頭の第1章に天皇に関する条項を規定し、憲法上、天皇制を認めている。しかし明治憲法における天皇主権と異なり、日本国憲法では第1条で、「……この地位は、主権の存する日本国民の総意に基く」と規定している。ここでも明らかな通り、両憲法間には、基本原理（天皇主権、国民主権）の上で、根本的な相違がある。しかも天皇

の地位の根拠についても、前者が神勅に負うものとされていたのに対し、後者では「国民の総意」に基礎を置くものとしている。また機能の面でみるならば、明治憲法における天皇は、統治権の総攬者として、非常に大きな権限を有していたが、日本国憲法における天皇は、原則として、あくまでも形式的、儀礼的な「国事行為」のみを行い得るのであり、「国政に関する権能」を有していない（4条）。このように明治憲法における天皇と、日本国憲法における天皇とでは、地位の根拠、権能等の上で、大変な相違がある。

　さらに日本国憲法は、天皇の地位について、「天皇は、日本国の象徴であり日本国民統合の象徴であ」る（1条）と規定し、いわゆる**象徴天皇制**を謳っている。これは、天皇が果すべき役割の基本的位置づけを意味している。

　象徴（symbole）という言葉は、通常、目にみえない抽象的なものを、目でみることのできる具体的なもので表現する場合に、用いられる。一般に国歌や国旗などが、国家や国民統合の象徴となる場合が多い（その用例として、国歌については、ブラジル連邦憲法1条、フランス第5共和国憲法5条3項、国旗については、イタリア憲法12条、ドイツ基本法22条等）。日本国憲法の場合、上の用例と違い、世襲の皇位にある（2条）天皇という人に、象徴性を認めているのである。ただこのような用法は、日本国憲法特有といったものではなく、他に1931年のイギリスのウェストミンスター条例、あるいは1978年のスペイン憲法56条等にもみられる。

　天皇が象徴であるということの意味を具体的に解すれば、われわれは、天皇の御姿をみることにより、日本国の存在、日本国民の国家的一体性をうかがい知ることができる、ということであろう。

　(b)　**天皇の権能**

　日本国憲法は、「天皇は、この憲法の定める国事に関する行為のみを行ひ、国政に関する権能を有しない」（4条1項）と定めている。これは、天皇は国政（国家の統治作用）に関与しあるいは影響を与える権能を一切有せず、憲法の定める国事行為のみを行うことが容認される、ということを意味する。

　天皇の国事行為については、6条、7条及び4条2項で、次の13の行為が

列挙されているが、これは限定列挙である。

　①内閣総理大臣の任命（6条1項）、②最高裁判所長官の任命（6条2項）、③憲法改正、法律、政令及び条約の公布（7条1号）、④国会の召集（7条2号）、⑤衆議院の解散（7条3号）、⑥国会議員の総選挙施行の公示（7条4号）、⑦国務大臣及び法律の定めるその他の官吏の任免の認証並びに全権委任状、大使及び公使の信任状の認証（7条5号）、⑧大赦、特赦、減刑、刑の執行の免除及び復権の認証（7条6号）、⑨栄典の授与（7条7号）、⑩批准書及び法律の定めるその他の外交文書の認証（7条8号）、⑪外国の大使及び公使の接受（7条9号）、⑫儀式の挙行（7条10号）、⑬国事行為の委任（4条2項）。

　さらに国事行為については、「……内閣の助言と承認を必要とし、内閣が、その責任を負ふ」（3条）としている。これは、天皇が内閣の意思に反して、国事行為を行うことは許されないことを意味する。また同時に、内閣の助言がある場合には、それに従って国事行為を行うべきであり、拒否の自由はない。この結果、**内閣の「助言と承認」**に基づく国事行為は、**形式的、儀礼的行為**と解される。「助言と承認」については、助言・承認という2つの行為を必要とするものではなく、助言と承認は一体のものとみなされ、したがって、それは1回の閣議で済むと解される。

　国事行為に関する内閣の責任は、その「助言と承認」という制度から、当然の帰結として導き出される。誰に対し責任を負うのかについては、国会に対し負う（66条3項）とみるのが正当であり、この責任は政治的責任である。

　(c)　天皇のその他の公的行為

　天皇は、国家機関として国事行為（公的行為）を行う他に、当然、私人としての私的行為も行っている。ところが、天皇の全行為をみた場合、これら2つの分類では捉えきれない部分が出てくる。たとえば、国会開会式での「おことば」、外国元首との親書・親電の交換、国内巡幸、各種大会・祭典への出席等が、それである。これについては、象徴としての地位に基づく公的行為であると解されるのが、一般的である。

　尚、この他に、日本国憲法上の天皇の地位について、天皇は君主であるか否か、天皇は元首であるか否かといった興味深い問題もある。

3　平和主義の原理と戦争放棄

　日本国憲法は、前文で「政府の行為によつて再び戦争の惨禍が起ることの
ないやうにすることを決意し」、さらには「恒久の平和を念願し、……平和
を愛する諸国民の公正と信義に信頼して、われらの安全と生存を保持しよう
と決意した」と述べ、国際平和の確立による自らの安全・生存の確保を基調
とする平和主義の原理を謳っている。そしてこの基本原理は、政策方針とし
て、憲法9条の戦争放棄の規定に具体化されている。

(1)　平和主義の系譜と戦争放棄

　人間がその内部に秘める欲望には計り知れないものがある。その発現は、
しばしば人と人との衝突といった形であらわれた。これは、人間集団が組織
化された国家についても、当然あらわれる。多くの場合、国家利益の衝突
は、戦争という手段に訴えられてきた。いわゆる実力による解決である。た
だこれは、初期の頃は別にして、全く無規制といったわけではなく、古代ギ
リシャの思想を継受した中世カトリックの神学者は、戦争を「正しい戦争」
と「不正な戦争」とに区別しようと、試みた。またこの流れの中で、グロチ
ウスは、「戦争と平和の法」（1626年）で、急迫不正の権利侵害に対する自衛
戦争を正義の戦争として、不正な戦争と区別するという、現在においても非
常に重要な意味をもつ学説の提示を行っている。このような考え方を「正戦
論」（the bellum justum doctrine）という。これには、不正な戦争は許されな
いという認識が伴う。

　しかし正戦論自体は、正しい戦争と不正な戦争との区別が困難であるとい
う点から、往々にして自らの戦争の正当化のために用いられ、戦争は一向に
減らないというのが現実であった。このことから、すべての戦争を合法化
し、戦争をいわば国際的な決闘とみなそうとする「無差別戦争観」が出てく
る始末であった。

　このような中で、サン・ピエールは「恒久平和計画」（1713年）を著し、
戦争の放棄と各国の軍備制限を内容とする国際組織を提唱、またカントは
「永久平和論」（1975年）の中で、国内法的立場から、民主国家と平和国家の
不可分性を説き、国際法的立場からは、永久平和実現のためには、国際連盟
を締結せざるを得ないとした。

このような平和の実現と戦争放棄の流れは、近代憲法典の中にその反映をみることになる。1791年のフランス憲法は「フランス国民は、征服の目的をもっていかなる戦争を行うことをも放棄し、またいかなる人民の自由に対しても、決してその武力を行使しない」（6編1条）と定め、1848年のフランス第2共和制憲法も、前文で同様の内容を宣言している。また1891年のブラジル憲法は、「すべての征服の戦争に参加しない」（88条）と定めている。これらを受けて、今世紀にいたり、国際社会の共通認識となったのは、基本的には正戦論の立場である。それは、侵略戦争は否定しながらも、自衛戦争、制裁的戦争をやむを得ないものとして、肯定するものである。1928年の「**不戦条約**」は、「国際紛争を解決するために戦争に訴えることを不法とし、かつその相互の関係において国家の政策の手段としての戦争を放棄する」と宣言しているが、これは当時の各国の憲法に大きな影響を与えている。

国際連盟、不戦条約が第2次世界大戦の勃発を防止することができなかった反省から、1945年の**国連憲章**はすべての加盟国に対し、国際の平和及び安全の維持を危くする虞のある紛争について、「平和的手段による解決」を義務づけている。ただし国連憲章も、いわゆる正戦論の立場に立っていると解されるのであり、すべての武力行使を禁止しているわけではない。国連憲章の認める武力による強制措置としては、第1に、国際平和の破壊行為に対して安全保障理事会のとる軍事行動（制裁戦争）（第7章）、第2に、防衛同盟条約、集団安全保障条約等の地域的取極に基づき、締結国の1国に加えられた攻撃に対し、他の締結国が安全保障理事会の同意を得て行う軍事行動（53条）、第3は、他国からの武力攻撃に対して、安全保障理事会が必要な措置をとるまでの間の「**個別的**または**集団的自衛権**」の行使としての軍事行動（自衛戦争）（51条）、があげられる。

平和主義と戦争放棄との、このような相関関係の現状の中で、日本国憲法のとる平和主義は、他に類例をみない極めて特色あるものといわれるが、果してそうか。

(2)　9条解釈

(a)　戦争の放棄

憲法9条1項は、「国権の発動たる戦争と、武力による威嚇又は武力の行

使は、国際紛争を解決する手段としては、永久にこれを放棄する」と規定する。ここで放棄されるのは次のものである。**①国権の発動としての戦争**（普通の戦争）　一般的には、一方または双方の宣戦布告により始まり、戦時国際法規の適用を受ける。**②武力による威嚇**　武力を背景に自国の要求を他国に強要することであり、その例としては対日三国干渉（1895年）、あるいはわが国が行った対華21条の要求（1915年）があげられる。**③武力の行使**　宣戦の布告のないままに行われる実質的に戦争とみられる対外的軍事行動、その例としては、満州事変（1931年）、日華事変（1937年）があげられる。

　問題は、ここで放棄される戦争はどの範囲のものかである。9条1項は「国際紛争を解決する手段としては」という一定の留保を付けて、戦争の放棄を謳っている。これが、戦争の全面放棄を意味するのか、それとも侵略戦争の放棄のみを意味するのか（結果として自衛戦争は放棄されないことになる）で、解釈が分かれる。

　A説　不戦条約や国連憲章から明らかなように、従来の国際法上の用法からすれば、「国際紛争を解決する手段として」の戦争は侵略戦争を意味する。その結果、9条1項で放棄されるのは侵略戦争だけであって、自衛戦争、制裁戦争（国際連合により認められる制裁措置としての戦争）は、放棄されていないと解する。

　B説　従来の国際法上の用語に捉われず、「およそすべての戦争は国際紛争解決の手段のためになされる」、「自衛戦争と侵略戦争とを区別するのは困難である」、「日本国憲法上、戦争や軍隊の存在を予定した規定がない」、といった理由から、9条1項の規定は、自衛戦争、制裁戦争を含む一切の戦争を放棄したものだと解する。

　なお、「9条は一切の戦争を禁止していると解すべきであるから、憲法上可能なのはあくまでも自衛権の行使であって、自衛戦争ではないことに注意する必要がある。したがって、わが国のなしうるのは、危険の排除までであって、相手国を降伏せしめるまで、武力行使することは許されない」との見解がある。この見解が武力行使を一定範囲に制限するという意味で、重要性をもつことは事実である。しかし、侵略国に対し自衛権を行使し、その侵害を排除するというその状態を戦争というのではないか。そうなると、「自

衛戦争は憲法上可能ではない」とする見解にいう「戦争」とは、単なる言葉の問題となってしまうのではないか。

(b) 自衛権

自衛権とは、「国際法上、国家が自国に対する急迫・不正の危害を除去するためにやむことをえないで行う防衛の権利」とされる。このような意味での自衛権は、従来から、独立国家の当然の権利とみなされてきている。国連憲章も51条で、自衛権を加盟国の「固有の権利」として、安全保障理事会が必要な措置をとるまでの間に限り、その行使を認めている。わが国の自衛権についての議論では、当初、9条によって自衛権も放棄されたとする説もあったが、その後は、憲法は自衛権それ自体まで放棄してはいないとするのが、通説である。

ただここで注意すべきは、自衛権の概念は、武力の保持とその行使を核として形成されてきたという点である。これは後述する、自衛力の保持が認められるかという問題と密接に係わってくる。自衛権は認めるが、その発現形態として、組織的武力によるものは許されず、群民蜂起といった手段をもってのみ可能である、といった学説が存在した。このような主張は、徹底した平和主義の追求という姿勢は善しとされるものの、それから生ずるいかなる結果をも甘受するという決意をもたない限り、浮世離れしたものといわざるを得ないであろう。

(c) 戦力の不保持、交戦権の否認

憲法9条2項は、前段で「前項の目的を達するため、陸海空軍その他の戦力は、これを保持しない。国の交戦権は、これを認めない」と規定する。ここで問題となるのは、「前項の目的」とは何を指すかである。これは、前述の9条1項の解釈と密接な係わりをもつ。

9条1項が一切の戦争を放棄するとするB説は、9条2項全体を、戦争放棄を実効的にするために、すべての軍備の撤廃を求めた規定と解する。

9条1項が自衛戦争までは放棄していないとするA説は、「前項の目的」が何を指すかで、A1説とA2説に分れる。

A1説は、「前項の目的」が、「正義と秩序を基調とする国際平和を誠実に希求し」という1項の精神を指すとして、この目的を達成するために、一切

の戦力の不保持を定めたものと解する（この説は結論的には、Ｂ説と同じである）。

　Ａ２説は、「前項の目的」を「国際紛争を解決する手段として」の戦争、すなわち侵略戦争とみなし、その結果、侵略戦争のための戦力の保持は禁止されるが、自衛のための戦力の保持は許されると解する。

　ここにいう「**戦力**」とは、どのようなものを意味するのか。一般通説は、それを軍隊（軍備）と解しており、具体的には、「外敵の攻撃に対して実力をもって抵抗し、国土を防衛することを目的として設けられる、人的および物的手段の組織体」とする。

　「**交戦権**」については、「国家が戦争を行い得る権利」と解する立場と、「国際法上、戦争当事国（交戦国）に認められる各種権利の総体（船舶の臨検、拿捕の権利や、占領地行政に関する権利等）と解する立場がある。

(3)　政府の９条解釈の変遷、自衛隊の合憲性

　憲法制定当時、９条の規定は文字通りの解釈が行われた。しかしその後、わが国をめぐる国際環境が大きく変化し、それに伴い解釈は大幅に変更されることになった。

(a)　「憲法制定当初の政府解釈」

　憲法制定時の国会審議おいて、吉田首相は「戦争放棄に関する本案の規定は、直接には自衛権を否定しておりませぬが、第９条２項において一切の軍備と、国の交戦権を認めない結果、自衛権の発動としての戦争も、又交戦権も放棄したものであります（1946年６月26日）」と答弁している。これは、学説的にいえばＡ１説とほぼ同様である。

(b)　「朝鮮戦争の勃発と警察予備隊の創設」

　昭和25年総司令部の要求により75,000人の警察予備隊が創設された。これについて政府は、あくまでも「警察」を補うものであるとの理由で、合憲と説明した。ただこの説明の前提には、憲法の禁止する「戦力」とは警察力を超える実力部隊を意味するとの解釈があった。

(c)　「警察予備隊の保安隊・警備隊への改組、増強」

　昭和27年にこの改組、増強に伴い、吉田内閣の「戦力」解釈は、「近代戦遂行に役立つ程度の装備、編成を備えるもの」に変更され、保安隊・警備隊

は、これを備えていないから「戦力」にあたらないとの統一見解が明らかにされた。

(d) 「自衛隊の誕生」

昭和29年、日米相互防衛援助協定が締結され、わが国が防衛力増強の義務を負ったことを受けて、自衛隊法が制定された。ここにおいて、保安隊・警備隊は自衛隊に改組された。自衛隊法3条（自衛隊の任務）は、「自衛隊は、わが国の平和と独立を守り、国の安全を保つため、直接侵略及び間接侵略に対しわが国を防衛することを主たる任務と」すると規定し、防衛目的を正面に掲げた。自衛隊の発足に伴い、政府は次のような解釈を展開しながら、今日に至っている。

第1に、自衛権は国家固有の権利として、9条の下でも否定されない。第2に、他国に対し脅威を与える攻撃的武器の保持は許されないものの、自衛のために必要な最小限度の実力、すなわち自衛力の保持まで禁止するものではない。第3に、こうした意味での自衛力は憲法の禁止する「戦力」にあたらない（自衛隊は、憲法の禁止する「戦力」にあたらず、合憲ということになる）。第4に、自衛のための必要最小限度の武力行使を禁止するものではない（自衛戦争は許されるということになる）。第5に、集団的自衛権の行使は禁止される（個別的自衛権の行使のみが許される）。

(4) 現在及び将来の問題点

1989年のベルリンの壁の崩壊により東西の冷戦は終焉を告げ、世界はいっきに軍縮の時代に入るかの期待を抱かせた。しかし現実には、それ以降も局地的な紛争は一向に減少する気配がなく、むしろ以前から続く中東でのアラブ対イスラエルの対立などは、世界的な規模での紛争へと拡大する様相を呈してきた。2001年9月の「ニューヨーク、貿易センタービルに対するテロ攻撃」、それに端を発したアフガニスタンへの侵攻、さらにはイラク戦争、また極東アジアにおける不安定要因としての北朝鮮問題など、世界平和を脅かすさまざまな事態が生じてきている。

このような中でわが国は、安全保障については日米安全保障条約を基調としながら、また同時に国際貢献に関しては国連という制度のなかで、これらを確保・実施するという基本姿勢をとり続けてきた。しかしながら最近の状

況をみるならば、主要同盟国であるアメリカの行動が国連の示す枠組みと一致せず、これと共同歩調をとる政府の方針に対しても、国際貢献ではなく「アメリカ貢献である」といった非難があがっている。

　わが国は、さまざまな意味で、自国の繁栄を国際社会の平和に負っていることは、間違いのない事実であろう。それだけに平和な国際社会の維持、実現は、人類の理念としてはもちろんのこと、実利的観点からしてもわが国の最も希求するところでもある。そしてこのような前提の下、自国の安全保障の確保は当然のこと、世界平和に対しどのように貢献できるか、まさに現在の我々に問われている。

　わが国の現状としては、1999（平成11）年 5 月、日米安保条約の再定義ともいうべき「周辺事態法」が成立、さらに2003（平成15）年 6 月、わが国に対する武力攻撃への対処を想定した「武力攻撃事態法（他 2 法）」、2004（平成16）年 6 月には、わが国が武力攻撃を受けた際に住民を避難、救援する手続き等を定めた「国民保護法」、「米軍支援法」、「外国軍用品海上輸送規制法」、「国際人道法違反行為処罰法」、「捕虜取扱法」、「特定公共施設利用法」、「改正自衛隊法」等、着実に有事法制の整備が進められている。また国際貢献については、1992（平成 4 ）年 8 月、「PKO 協力法（国際連合平和維持活動等に対する協力に関する法律）」が成立、これに伴う自衛隊法の改正により、自衛隊の海外派遣を国内法上可能にさせた。さらには2001（平成13）年 9 月に起きたアメリカでの同時多発テロを契機とした「テロ対策特別措置法」、2003（平成15）年 3 月に始まったイラク戦争を契機とした「イラク復興支援特別措置法」が、それぞれ「国際貢献」という名の下に自衛隊の海外派遣を可能にしている。近年、従来は違憲とされた集団的自衛権について、政府は限定的な行使については、憲法上許容されると、その解釈を変更した。また、それに基づき2015年 9 月、「平和安全法制関連 2 法（総称「平和安全整備法」と「国際平和支援法」）」が成立し、2016年 3 月に施行された。

　もちろんこれら一連の立法及びそれに基づく行為を憲法違反といってしまうのは容易であり、少なからざるそのような意見があることも事実である。しかしそのような理解でよいのだろうか。憲法は国家の基本法である。それは制定された当時のわが国の時代状況をまさに反映した内容をもったもので

ある。ただその後、国際社会におけるわが国の地位が大きく変化していることは、紛れもない事実である。現在われわれは、対憲法との関係でその憲法をめぐる現実をみる時、一つの分岐点に立っていると思われる。すなわち徹底した理念的平和主義かそれとも現実的平和主義か、どちらに力点を置くべきかの選択である。その際、憲法改正問題が必ず俎上にのってくるであろう。

憲法という法が、その性質上、政治性を帯びていることは確かであり、内容も抽象的であって、解釈に幅があることは事実である。しかしその幅にも一定の枠があることも事実である。憲法の解釈を変えれば集団的自衛権の保持も可能であるとする意見が、一部保守系の議員の中にある。さすがにこれについては、現在の政府政権担当者も憲法を改正しなければ無理だという判断を示している。ただ憲法9条をめぐる歴史をみるならば、政府の対応が実質的に「解釈改憲」であったことは、政策としての評価は後に待つとしても、否定できないであろう。

今われわれは、自国の安全保障の確保、さらには国際貢献への対応について、国家の基本方針に関するなんらかの判断・選択をおこなうべき時期にきている。ただこの判断・選択は、今後のわが国の将来に対し、われわれ国民一人一人が全ての責任を負う覚悟の下に、なされなければならない。民主主義の社会に生きる人間の宿命としての責任である。それだけに、その前提としての「思想の自由市場」における議論の深まり、マスコミ・報道機関による客観的情報の提供など、さまざまな関心の高まりを期待したいものである。

4　基本的人権の原理
(1)　日本国憲法における人権概念

現代においては、人権概念の根拠を**人間の尊厳性**に基礎づけようとするのが、一般的である。日本国憲法も、同様に、人権概念を「人間が社会を構成する自律的な個人としての自由と生存を確保」することによる、人間としての「尊厳性を維持するため」に必要な、人として生まれながらに有する権利と考える。日本国憲法は、これら**前国家的権利**を、基本的人権という名称の

下に、実定的、法的権利として確認するのである。基本的人権の概念は、もともと自然法原理を背景とする欧米の人権思想が生み出したものである。基本的人権は、人間として生まれながらに、天より与えられた権利であって、国家によって与えられたものではなく、逆に国家は、これを保障するために存在するものとされる。基本的人権の憲法的承認並に保障は、ヴァージニア権利宣言（1776年）に始まり、次いでアメリカ独立宣言（同年）に受け継がれ、更にヨーロッパに渡って、フランス人権宣言に伝えられた。そして、その後、立憲主義の世界的普及と共に基本的人権保障の規定は各国の成文憲法の中に採用され、憲法の主要な一部をなすにいたっている。

　前述した日本国憲法の人権概念は、具体的には、「国民は、すべての基本的人権の享有を妨げられない。この憲法が国民に保障する基本的人権は、侵すことのできない永久の権利として、現在及び将来の国民に与へられる」（11条）、「この憲法が日本国民に保障する基本的人権は、人類の多年にわたる自由獲得の努力の成果であつて、これらの権利は、過去幾多の試練に堪へ、現在及び将来の国民に対し、侵すことのできない永久の権利として信託されたものである」（97条）の規定の中に、あらわれている。

　ここでは、人権の性質について、次のように考える。

　第1は、その**「普遍性」**である。すなわち人権は、人種・性・身分等の区別に関係なく、「国民は、すべての基本的人権の享有を妨げられない」（11条）にみられるように、国民一人一人が人間として有する権利である。

　第2は、その**「固有性」**である。人権は「与えられ」た（11条）、「信託された」（97条）権利であって、それゆえに、人間が生まれながらに有する、人間に固有な、前国家的権利である。

　第3は、その**「不可侵性」**、永久性である。「侵すことのできない永久の権利」（11条、97条）という言葉であらわされているが、これは、人権が、原則として、国家権力から不可侵であることを意味し、また現在の国民だけでなく、将来の国民にも、永久に奪われることのない権利であることを意味する。

⑵　人権の分類と具体的内容

　人権の分類は、これまで多くの研究者によって、様々な仕方でなされてき

たが、その中で最も有名なのは、ドイツの公法学者イエリネック（G. Jel-linek）によるものである。イエリネックは、国家に対する関係で、国民がどのような地位に立つかを基準に、①国家に従属するという「受動的地位」（業務に相応する）、②国家から自由であるという「消極的地位」（自由権に相応する）、③国家の活動を自己のために請求する「積極的地位」（受益権に相応する）、④国家活動を担当するという「能動的地位」（参政権に相応する）という4つに分類した。その後この分類は、それへの批判、さらには捉えきれない新たな人権の登場等を踏まえ、修正されつつ現在にいたっている。

　日本国憲法上の基本的人権は、次のように分類することができる。

(a)　平等権・包括的基本権

　人権の総則的権利といえる。

(b)　自由権

「国家からの自由」（freedom from state）ともいわれ、国家に対し不作為を求める権利であり、人権保障の確立期から現在にいたるまで、人権の中心的位置を占めている。「精神的活動の自由」（思想・良心の自由（19条）、信教の自由（20条）、表現の自由（21条）、学問の自由（23条））、「経済的活動の自由」（居住・移転及び職業選択の自由（22条）、財産権の不可侵（29条））、「人身の自由」（奴隷的拘束及び苦役からの自由（18条）、法定手続の保障（31条）、刑事手続に関する保障（33〜39条））の3つに分れる。

(c)　社会権

「国家による自由」（freedom by state）ともいわれ、国家に対し作為を求める権利であり、資本主義社会の矛盾が顕在化した今世紀にいたり初めて確立された20世紀的人権である。生存権（25条）、教育を受ける権利（26条）、勤労の権利（27条）、労働基本権（28条）が、これにあたる。

(d)　受益権（国務請求権）

　請願権（16条）、国家賠償請求権（17条）、裁判を受ける権利（32条）、刑事補償請求権（40条）が、これにあたる。

(e)　参政権

「国家への自由」（freedom to state）ともいわれ、国家権力の作用に参加する自由であり、自由権を確保するために、自由権について各国憲法に規定さ

れるようになった。公務員の選定罷免権（15条）、選挙権・被選挙権（44条・93条）、憲法改正承認権（96条）、地方自治特別法同意権（95条）が最高裁判所裁判官の国民審査（79条）、これにあたる。

(3)　人権の享有主体

　これまで検討してきたように、人権とは、一般に、人として生まれながらに有する権利であり、それゆえ、人として当然享有する普遍的権利と考えられる。この意味で、原則として、すべての人が人権の享有主体となることは、明らかである。ただ現実の問題として、人権の具体的保障は、各国の憲法に委ねられており、それぞれ個別的にみてゆく必要がある。

(a)　国　民

　憲法第3章が、「国民の権利及び義務」という標題をとっていることから、国民が基本的人権の享有主体であることは明らかである。ただ何人が国民であるかについては、「日本国民たる要件は、法律でこれを定める」（10条）と規定し、具体的には国籍法（昭和25年制定、その後5度の改正を経る）に委ねている。日本の国籍法は、旧国籍法の制定以来、出生の時に父が日本国民であることを要件とする父系優先血統主義を原則として採用していた。しかし沖縄駐留アメリカ軍人男性と日本人女性との間に生まれた子どもの国籍取得をめぐる訴訟判決（東京高判昭57・6・23行集33巻6号1367頁）を契機に社会的反響がまきおこり、女子差別撤廃条約の批准（昭和60年）の条件整備の一環として、昭和59年に父母両系血統主義に移行した。国民としての資格を国籍というが、この取得については「出生による国籍の取得」、「認知された子の国籍の取得」、「帰化による国籍の取得」という3つの場合を定めている。

(i)　「出生による国籍の取得」

　一般に、血統主義（親の国籍に応じて与えられる）と出生地主義（生まれた国を基準とする）の2つの考え方があり、わが国は血統主義（国籍法2条1・2号）を原則とし、例外として出生地主義（同法2条3号）を加味している。

(ii)　「認知された子の国籍の取得」

　平成20年の法改正により設けられた規定で、出生による取得と同じ精神に基づくが、法務大臣への届出が必要である（同法3条）。なお、旧国籍法3

条 1 項は、日本人の父が生後認知した婚外子について、父母がその後婚姻していることを国籍取得の要件としていたが、最高裁判所は憲法14条 1 項に反するとして当該規定を違憲と判断した（最大判平20・ 6 ・ 4 民集62巻 6 号1367頁）。

(iii)　「帰化による国籍の取得」

　外国人が日本国籍を取得する場合である。外国人は、一定の要件をみたし、法務大臣の許可により帰化が認められた場合、日本国籍を取得することができる（同法 4 条〜10条）。外国人の帰化による国籍の取得は、法務大臣の自由裁量に属し、基本的には権利の問題ではない。

　国籍の離脱について、日本国憲法は、国民の基本的人権として、その自由を保障（22条 2 項）している。しかしこれには、外国籍の取得、保有が要件とされ、無国籍になる自由を含むものではないと解されている。

(b)　天皇と皇族

　天皇、皇族ともに、日本の国籍を有する日本国民であり、日本国憲法の定める基本的人権については、その保障が及ぶと解するのが一般的である。ただ象徴という地位、皇位の世襲制、職務の特殊性から、一定の制約は認めざるを得ないと考えられる。参政権は否定される。さらに参政権に係わる政治的色彩をもつ自由権、婚姻の自由、財産権等は制限を受ける。その他職業選択の自由、外国移住の自由、国籍離脱の自由は、認められない。

(c)　法　　人

　人権は、もともと**自然人**について成立したものである。しかし自然人である個人だけでなく、個人の集合、結社による法人その他社会団体の存在をみるにいたり、法人が憲法の保障する基本的人権の主体となる得るか否かが、問題となってきた。

　わが国においては、**法人の人権享有主体性を肯定する学説（人権保障は、その性質上適用可能なものである限り、法人にもおよぶ）**が、通説である。また最高裁判所は、**八幡製鉄政治献金事件判決**（最大判昭45・ 6 ・24民集24巻 6 号625頁）で「憲法第 3 章に定める国民の権利および義務の各条項は、性質上可能な限り、内国法人にも適用されるものと解すべきである」として、法人の人権享有主体性を認めている。

　性質上、法人に適用されるにふさわしい人権の範囲については、もっぱら自然人としての個人に保障されるものを除いて、できるだけ広く法人にも保障が及ぶものと解すべきであろう。具体的には、一定の人身の自由に関する権利、生存権、選挙権、被選挙権等は認められないが、それ以外の経済的自由、請願権、国家賠償請求権、裁判を受ける権利、さらには一定の刑事手続上の権利は、認められるものと考えられる。

　(d)　外国人

　前述の通り、憲法第3章の標題が「国民の権利及び義務」となっていることから、国民が基本的人権の享有主体であることは明らかである。しかし国籍を有しない外国人は、この権利の主体となり得るのか、つまり日本国憲法上の基本的人権の保障が外国人にも及ぶのかが、問題となる。

　これについては、人権の前国家的権利（人として有する権利）としての性格や日本国憲法のとる**国際主義**の立場から、原則として、外国人にも基本的人権の享有主体性を認めるのが一般的である。ただし、憲法の保障する基本的人権には、人間として当然に有する権利であるがゆえに、すべての人に保障が及ぶ権利と、国籍を有する国民にのみ保障が及ぶ権利とがある。それゆえ、「外国人にも、権利の性質上適用可能な人権規定については、その保障がおよぶ」**（権利性質説）**とするのが、通説である。

　判例は、**マクリーン事件判決**（最大判昭53・10・4民集32巻7号1223頁）で、「憲法第3章の諸規定による基本的人権の保障は、権利の性質上日本国民のみを対象としていると解されるものを除き、わが国に在留する外国人に対しても等しく及ぶべきものと解すべきであ」るとし、権利性質説の立場に立つ。

　具体的には、「**入国の自由**」は、国際慣習法上国家の裁量に委ねられているから、外国人には認められない。「**参政権**」も否定される（国政レベルのそれは絶対的に否定されるが、地方自治体レベルのものについては、認めてもよいとの説もある）。「**社会権**」は、各人が所属する国により保障されるべき権利であるから、外国人には保障が及ばないとするのが通説。ただし外国人に対し社会権を法律によって具体的に保障する（立法により外国人も具体的保障の対象に含める）ことは排除されない。「**経済的自由**」は、権利の性質上、様々

な制限が加えられる（公証人法、電波法、銀行法、外国人土地法等）。その他の基本的人権については、外国人にも基本的に憲法の保障が及ぶが、その保障の程度、範囲が、すべて日本国民と全く同様というわけではない。

(4)　人権規定の私人間効力

　近代憲法における基本的人権の保障は、もっぱら、公権力に対し国民の権利、自由を守るという意味合いをもっていた。その結果、憲法は、国家と国民の間の関係を規律する法であると考えられ、私人相互の関係は、私的自治、契約自由の原則を中心に形成される私法に委ねられるべきとされた。しかしその後の社会の発展は大きな変革をもたらし、今日では、大企業を典型とする巨大な力をもった私的団体が社会権力として、国家に劣らない影響力をもつようになってきた。その結果、このような社会権力が、個人の人権を侵害するという事態が生ずるにいたり、従来の国家権力による人権の侵害からばかりでなく、このような社会権力による人権の侵害からも、国民を保護する必要が出てきた。ここに人権規定の私人間効力の問題が生じてくる。

　学説的には主なものとして、「**直接適用説**」と「**間接適用説**」の2つがある。前者は、憲法の人権規定は、私人相互間においても直接適用されると解する。

　これに対し後者によれば、憲法の人権規定は、直接私法的効力をもつ人権規定を除き、直接私人間には適用されないのであり、関係私法規定の解釈指標として、とりわけ私法上の不確定概念や一般条項の意味を充填する形で、間接的に私人相互の関係に適用されるものとなる。具体的には、私人間に人権侵害的な法律行為があった場合、憲法により違憲とされるのではなく、憲法の人権規定の趣旨が個別化（具体化）された関連私法規定（民法90条等）により違法とされる。間接適用説が、通説、判例（**三菱樹脂事件判決**等）のとる立場である。

　なお、憲法の明文または解釈上、直接私法的効力を有する（私人間にも直接適用される）人権規定としては、「選挙人は、その選択に関し公的にも私的にも責任を問はれない」（15条4項）、「奴隷的拘束、苦役からの自由」（18条）、「児童酷使の禁止」（27条3項）があげられる。

⑸　人権と「公共の福祉」

　基本的人権が、永久不可侵の権利とされることは、その成り立ちから明らかである。しかしこのことは、人権に対する一切の制限が認められないということを意味するものではない。

　日本国憲法は、基本的人権の保障を制限するものとして、「公共の福祉」による人権の制約をあげている。具体的には、憲法は、一般的人権保障の規定として、その保障する自由及び人権について「国民は、これを濫用してはならないのであつて、常に公共の福祉のためにこれを利用する責任を負ふ」（12条）、「生命、自由及び幸福追求に対する国民の権利については、公共の福祉に反しない限り、立法その他の国政の上で、最大の尊重を必要とする」（13条）と定め、さらに個別的人権保障の規定として、「何人も、公共の福祉に反しない限り、居住、移転及び職業選択の自由を有する」（22条1項）、「財産権の内容は、公共の福祉に適合するやうに、法律でこれを定める」（29条2項）と規定する。

⒜　学説の対応

　「内在・外在二元的制約説」　憲法12条及び13条は、国民及び国家の心構えを説いた訓示的規定であり、特に13条の「公共の福祉」は、人権制約の憲法上の根拠とはなり得ない。「公共の福祉」により人権が制約されるのは、22条1項、29条2項のように、特別に個別的人権規定で「公共の福祉」による制約が認められている場合のみである。これ以外の人権の制約は、権利の社会性（基本的人権の共存の維持）に伴う、その内在的制約によるものだけであるとする。

　ただこの説については、後述するように、13条を包括的人権規定と解する立場から、これを訓示規定とすることは適当でないとの批判がある。

　「公共の福祉説」　憲法12条、13条は、総則的規定に位置し、特に13条の「公共の福祉」が、人権制約の一般的根拠となり得ることを肯定する。ただし、「それ自体としては、基本的人権制約の正当化事由にならず、正当化事由は、各基本権の性質に応じて具体的に引き出さなければならない」とする。これが今日の通説と考えてよい。

(b)　公共の福祉の内容

「公共の福祉」は、本質的に個人の基本的人権と対立する多数者や全体の利益を意味するのではない。それは、各個人の基本的人権の保障を確保するための、基本的人権相互の矛盾・衝突を調整する公平の原理である。この原理は、各個人の基本的人権の共存を維持するための内在的制約原理と、形式的平等に伴う弊害を除去し多数の人々の生活水準の向上をはかるための政策的制約原理の2つから成り立っている。その結果、「公共の福祉」による基本的人権の制限については、その人権の種類、性質に応じて、判断されるべきことになる。

今日では、基本的人権を制限する法律の違憲性の判断については、人権の種類、性質に応じた基準が用いられるべきとされ、その代表的なものとして、「**比較衡量論**」、「**二重の基準論**」といった手法がとられている。

「比較衡量論」とは、「人権の制限によって得られる利益と、人権の制限により失われる利益（制限しない場合に維持される利益）を比較衡量し、前者が大きい場合には人権の制限を合憲とし、後者が大きい場合には人権の制限を違憲と判断する方法」である。

「二重の基準論」とは、「人権の中でも、精神的自由と経済的自由との間に価値の序列をつけ、表現の自由を中核とする精神的自由の規制には厳しい基準によって合憲性を審査するのに対して、経済的自由の規制は立法府の裁量を尊重して緩やかな基準で合憲性を審査する」という手法である。

(6)　**包括的基本権と法の下の平等**

(a)　**幸福追求権**

(i)　**憲法13条の意義**

憲法13条は、「すべて国民は、個人として尊重される」（前段）、「生命、自由及び幸福追求に対する国民の権利については、公共の福祉に反しない限り、立法その他の国政の上で、最大の尊重を必要とする」と定めている。前者は、個人の平等かつ自律的な人格的価値（個人の尊厳）の尊重を表明したものであり、後者は、この人格的価値の実現に欠くことのできない幸福追求権を宣言したものである。

(ⅱ)　幸福追求権の法的性格

　幸福追求権の法的性格については、従来、13条の規定は、基本的人権保障の一般的原理を述べたものであり、そこでの権利は基本的人権の総称であるとの見方が有力であった。その結果、裁判規範となり得る具体的権利性については、否定的であった。

　しかし今日では、幸福追求権に具体的権利性を認める見解が一般的な通説となっている。それによれば、①憲法13条の権利（幸福追求権）は、個人の人格的存在に不可欠な権利、自由を内容とする**包括的権利**である。②幸福追求権と個別的人権規定が具体的に定めている人権とは、**一般法と特別法**の関係に立つ。その結果、個別的人権規定の保障が及ばない範囲において、13条が適用されることになる。

(ⅲ)　幸福追求権と新しい人権

　幸福追求権に対する通説的見解が生まれてきた背景には、社会状況の変化に伴い、個別的人権規定では保障の及ばない、新しい人権の登場がある。具体的には、**プライバシーの権利**、環境権、嫌煙権、自己決定権、平和的生存権、眺望権等、非常に広範囲にわたるものである。これらすべてを憲法上の具体的権利とみることは、「人権のインフレ化」を引き起こすとの指摘もあり、厳密な検討を要すると思われる。この中で最高裁判所が認めたものとしては、プライバシーの権利としての**「肖像権」**（最大判昭44・12・24刑集23巻12号1625頁）があげられる。

(b)　法の下の平等

(ⅰ)　日本国憲法における平等原則

　日本国憲法は、明治憲法下の様々な不平等の制度（貴族制度、制限選挙、封建的家族制度等）を撤廃し、平等原則を正面から規定する。すなわち「すべて国民は、法の下に平等であって、人種、信条、性別、社会的身分又は門地により、政治的、経済的又は社会的関係において、差別されない」（14条1項）と一般平等原則を宣言する。さらにそれを具体化し、「貴族制度の禁止」（14条2項）、「栄典に伴う特権の禁止」（14条3項）、「普通選挙の一般原則」（15条3項）、「参政権の平等」（44条）、「家族生活における両性の平等」（24条）、「教育の機会均等」（26条1項）について規定している。象徴天皇制

に伴う、天皇、皇族はこの例外である。

(ii)　憲法14条1項の解釈

第1に、憲法14条1項は前段で「すべて国民は、法の下に平等であって」と定め、一般原則としての「法の下の平等」を規定している。この平等原則については、**法適用の平等**（行政機関、司法機関は、これにより、平等に法を適用するよう拘束される）だけでなく、**法内容の平等**（立法機関は、これにより、内容的にも平等な法を定立するよう拘束される）をも意味すると解される。後者は**立法者拘束説**といわれる。

第2に、14条1項は後段で、「人権、信条、性別、社会的身分又は門地により……差別されない」と定めているが、ここであげられている事項は、差別されてはならないものの代表的事例を例示したもの（限定列挙したのではない）であり、これに該当しないものでも、前段の平等原則により禁止される。これは**例示説**といわれる。

第3に、14条1項全体を通じて保障される平等の内容は、絶対的平等（どのような例外も認めない）ではなく、**相対的平等**（性別、能力、年齢、財産などといった各人が有する事実上の差異に応じた法的取り扱いを行う）である。それゆえ合理的差別は認められ、不合理な差別的扱いだけが禁じられる。以上の3つの組合わせが、通説、判例のとる立場である。

(iii)　明示される差別禁止事項

憲法14条1項後段では、5つの差別禁止事項が列挙されている。

「**人種**」　人類学的種別をいい、黒人、白人、黄色人などが、その代表的種別にあたる。わが国では人種問題は少ないと考えられがちであるが、現実には、アイヌ人、混血人、帰化人等について、極めて憂慮すべき問題がある。

「**信条**」　歴史的経緯からみて、宗教的信仰を指すのは当然であるが、今日ではさらに広く、良心、思想上、政治上の信念、世界観を含むものと解される。

「**性別**」　男女の性の相異を意味する。今日では、ジェンダーや性的指向等による差別の問題もある。

「**社会的身分**」　一般に人が社会において占める地位を指すが、説は分れる。第1は、出生によって決定され、自己の意思で変えられない社会的地位

（親子関係など）。第2は社会において後天的に占める地位で、一定の社会的評価を伴うもの。第3は、広く社会においてある程度継続的に占めている地位（職業、階層、学生等）。

「**門地**」　出生により決定される家族的身分、いわゆる家柄を意味する（貴族など）。

「政治的、経済的又は社会的関係において、差別されない」（14条1項後段）とは、「政治的」、「経済的」関係に入らない法的差別はすべて「社会的関係」に入るとみなし、法的差別を包括的に表現したものと解するのが、通説である。

5　自由権

自由権とは、公権力により干渉されないことを求める権利であり、その成立経緯からみて、人権の中でも最も原初的であるが、しかしその中核に位置する権利である。自由権は、「**精神的自由**」、「**経済的自由**」、「**人身の自由**」の3つに大別される。

(1)　精神的自由

人間本性に根ざした**内面的精神活動の自由**と、そこにおける思想、信仰を外に向かって表現し、社会的効用のあるものとする**外面的精神活動の自由**とから成り立っている。

(a)　思想・良心の自由

憲法19条は、「思想及び良心の自由は、これを侵してはならない」と規定しているが、ここでいう「思想及び良心」とは、個人の内面的精神作用の一切を意味している。この規定が内心の自由の保障規定といわれる所以である。「思想・良心」の意味については、前者は人間の精神作用の内の論理的側面、後者は倫理的側面に係わると解される。ただ両者が一体となって規定されている以上、特に区別する必要がないとするのが通説である。あえていえば、「思想及び良心」とは、「世界観、人生観、主義、主張などの個人の人格的な内面的精神作用を広く含むものと解」することができる。

思想・良心の自由の保障（思想・良心の自由を侵してはならないということ）とは、次のことを意味する。第1に、国家権力は、国民に特定の思想、良心

をもつことを強要し、あるいはこれを禁止することは許されない。第2に、国家権力は、国民が特定の思想、良心をもっていること、あるいはもっていないことを理由に、不利益な取扱いをすることを許されない。第3に、国家権力は、国民に思想、良心の告白を強要することを許されない（沈黙の自由）。

思想・良心の自由は、人の内心の問題だけに、その保障は絶対的である。

(b) 信教の自由

憲法20条1項は前段で、「信教の自由は、何人に対してもこれを保障する」と定めている。ここで規定されている信教の自由の内容には、一般に**「信仰の自由」**、**「宗教的行為の自由」**、**「宗教的結社の自由」**の3つが含まれていると解される。

(i) 信仰の自由

これは、内心における宗教上の信仰の自由を意味するのであり、絶対的保障を受ける。具体的には、特定の宗教を信仰する自由、信仰しない自由、信仰する宗教を選択、変更する自由等から成る。これは、裏返せば、国家権力は、信仰を理由として不利益な取り扱いを行うこと、信仰の告白を強要することを、許されないということを意味している。

(ii) 宗教的行為の自由

礼拝、祈祷、自己の信仰する宗教の様式による儀式、祝典、行事その他の宗教上の行為を行い、これに参加する自由である。このような行為をしない自由、これに参加しない自由も含まれ、20条2項は「……参加することを強制されない」と明文で定めている。布教活動の自由については、宗教的行為の自由に含まれるとの見解もあるが、直接的には表現の自由（21条）の問題とみるべきとの考えもある。

(iii) 宗教的結社の自由

同じ信仰をもつ者が宗教団体を結成する結社の自由については21条で保障されるが、宗教的結社については信教の自由の一部としても保障される。

「宗教的行為の自由」や「宗教的結社の自由」は、時には、他人の権利を侵害し、反社会的行為となる場合がある。前述の通り、内心の自由としての「信仰の自由」は**絶対的保障**であるが、これら自由については、その意味で、当然権利としての**内在的制約に服する**ものとみるべきである。

⑷　政教分離原則

　日本国憲法は、信教の自由の保障を完全なものとするために、**政教分離**を定めている。憲法は20条1項後段で、「いかなる宗教団体も、国から特権を受け、又は政治上の権力を行使してはならない」と規定し、宗教団体が国から特権を受けること、宗教団体が政治権力を行使することを禁止している。また20条3項は、「国及びその機関は、宗教教育その他いかなる宗教的活動もしてはならない」と定め、さらに89条で宗教団体に対する公金の支出を禁止している。これらの規定の趣旨は、いずれも、国、公共団体の宗教的中立性の維持にある。

　ただ政教分離規定については、「**制度的保障**」とされ、最高裁判所も、**津地鎮祭訴訟判決**（最大判昭52・7・13民集31巻4号533頁）で、「政教分離規定は、いわゆる制度的保障の規定であって、信教の自由そのものを直接保障するものではなく、国家と宗教との分離を制度として保障することにより、間接的に信教の自由の保障を確保しようとするものである」と述べている。また、「政教分離原則は、国家が宗教的に中立であることを要求するものであるが、国家が宗教とのかかわり合いをもつことを全く許さないとするものではない」とし、国家と宗教が係り合いをもつ場合の違憲性の判断基準として、「**目的・効果**」**基準**を採用した。それによれば、憲法20条3項の禁止する国及びその機関の宗教的活動とは、「当該行為の目的が宗教的意義をもち、その効果が宗教に対する援助、助長、促進又は圧迫、干渉等になるような行為をいうものと解すべきである」としている。

⒞　表現の自由

⑴　表現の自由の存在意義

　表現の自由の存在意義は3つある。第1は、個人が言論活動を通じて自己の人格を発展させるという個人的価値（**自己実現の価値**）の側面。第2は、各人の自発的原論が「思想の自由市場」に登場し、そこでの自由な討論をへて、真理が発見されるという社会的効用の側面。第3は、言論活動により国民が政治的意思決定に関与するという民主政に資する社会的価値（**自己統治の価値**）の側面。

(ii)　表現の自由の保障

憲法21条1項は、「集会、結社及び言論、出版その他一切の表現の自由は、これを保障する」ことを規定している。ここでの表現の自由とは、「人が自分の思うことや言いたいことを、自分の思う方法で表明する自由」を意味する。表現の自由による保障は、言論、出版に限らず、映画、演劇、音楽、絵画など芸術上の表現活動その他一切の表現内容と表現手段にも及ぶ。

(iii)　報道の自由、知る権利

表現の自由の保障は、思想や意見の表現だけでなく、**報道の自由**にも及ぶ。報道機関の報道活動は、民主政の担い手である国民（受け手側）に対し、その意思形成の素材を提供するという重要な役割を有する。それゆえ、報道の自由も、当然、21条の表現の自由の1つとして保障が及ぶと考えられるべきである。判例も「報道機関の報道は、民主主義社会において、国民が国政に関与するにつき、重要な判断の資料を提供し、国民の『知る権利』に奉仕するものである。したがって、思想の表明の自由とならんで、事実の報道の自由は、表現の自由を規定した憲法21条の保障のもとにあるということはいうまでもない」と述べ、また報道の前提となる**取材活動の自由**についても、「憲法21条の精神に照らし、十分尊重に値いするものといわなければならない」とする（**博多駅テレビフィルム提出命令事件**、最大判昭44・11・26刑集23巻11号1490頁）。

前述の判例の中で、国民の「**知る権利**」という言葉がでてきたが、「知る権利」とはどのような権利なのか。これは、表現の自由を表現の送り手側からではなく、その受け手の側から再構成した権利である。そもそも表現の自由が民主政に資するというのは、国民が同時に自由な情報の送り手であり、受け手であるという状況の下で、そこから得られた情報に基づき、適切な判断を下すことが可能となるというところにある。ところが今日、国民にとり必要な情報は、公権力やマス・メディアに独占されるといった状況が生じてきた。このままでは、国民が自己の意思を適切に形成し、真の意味での主権者としてふるまうことが不可能になり、表現の自由の保障も形骸化してしまう恐れがある。ここで情報の受け手の側としての国民の「知る権利」（21条から導出される）が主張される。具体的には、「情報を公開するよう要求する

権利」などといった形であらわされる。地方公共団体の**情報公開条例**は、この権利を具体化したものと解される。また平成11年には、**情報公開法**が制定されることとなった。

　また報道機関の報道の自由、取材の自由が憲法上、保障され、尊重されるというのも、前述の判例の中にみられる通り、国民の「知る権利」に奉仕するからである。

(iv)　集会・結社の自由

　憲法21条1項は、「集会、結社……の自由は、これを保障する」と定めている。「集会」とは、特定または不特定の多数人が、共同の目的をもって、一定の場所に一時的に集まることであり、そこに生ずる一時的集合体である。それに対し「結社」とは、特定の多数人が、共同の目的のためにする継続的な精神的結合体である。「結社」は、「集会」のように、場所的要素を必要としない。

　デモ行進など集団行進は、集団意思の外部への表明であるから、21条の表現の自由の保障に含まれるのは当然だが、これを「動く集会」と捉え、「集会」の自由の一つとして考えようとする見解もある。「集会」の自由を保障するという意味は、「原則として、その目的・場所・公開性の有無・方法・時間などの如何を問わず、集会を主催し、指導しまたは集会に参加するなどの行為につき、公権力が制限を加えることが禁止され、またはそのような行為を公権力によって強制されない」ということである。なお「集会」の自由は、その性質上、人権自体のもつ内在的制約（他の人権との調整）に服する。

　「**結社**」の自由の保障とは、第1に、「個人が、団体を結成しもしくは結成しないこと、団体に加入しもしくは加入しないこと、団体の構成員としてとどまりもしくは脱退することについて、公権力による干渉を受けないこと」である。第2に、「団体が団体としての意思を形成し、その意思実現のための諸活動について、公権力の干渉を受けない」ことである。

(v)　検閲の禁止・通信の秘密

　憲法21条2項は、「検閲は、これをしてはならない。通信の秘密は、これを侵してはならない」と規定する。「**検閲**」とは、公権力が、表現の内容を外部への発表に先立って審査し、必要あるとき（不適当と認められる場合）

は、その発表を禁止することである。公権力が検閲の主体であり、それは主に行政権と考えられるが、司法権も含まれると解すべきであろう。この規定の趣旨は、あらゆる表現について、事前の抑制を禁止するものである。「検閲」の禁止との関係で問題とされるものに、**教科書検定**（学校教育法21条、40条、51条）がある。最高裁は、**第一次家永教科書事件判決**（最判平 5・3・16民集47巻 5 号3483頁）で、教科書検定は「検閲」にあたらないとした。

「**通信の秘密**」とは、信書の秘密だけでなく、電信、電話の秘密をも含む、広い意味で解される。さらにより具体的には、通信の存在自体に関する事柄（信書の差出人、受取人の氏名、住所等）も、「通信の秘密」の内容となる。「通信の秘密」の保障を定めた規定の趣旨は、第 1 に、公権力によって封書を開披されたり、通信の内容及び通信の存在自体に関する事柄について調査の対象とされないこと、第 2 に、通信業務従事者によって職務上知り得た津通信に関する情報を漏洩されないこと、である。

　(d)　学問の自由

　憲法23条は、「学問の自由は、これを保障する」と定めている。「**学問の自由**」の内容としては、「**学問研究活動の自由**」、「**研究成果発表の自由**」、「**教授の自由**」、「**大学の自由**」の 4 つがあげられる。

　「**学問研究活動の自由**」は、内面的精神活動の自由として「思想・良心の自由」（19条）の一部を成すものであり、また「研究成果発表の自由」は、外面的精神活動として、「表現の自由」（21条）に含まれる。しかし憲法は、これら自由を、特に学問の自由として保障する趣旨である。

　「**教授の自由**」（教育の自由）については、その史的成り立ちから、大学における教授の自由が考えられていた。最高裁判所は、**旭川学力テスト事件判決**（最大判昭51・5・21刑集30巻 5 号615頁）で、**普通教育における教師の教授の自由**について、「一定の範囲における教授の自由が保障されるべきことを肯定できないではない」としながらも、「普通教育における教師に完全な教授の自由を認めることは、とうてい許されない」としている。

　「**大学の自治**」が23条から導き出されるのは、次のような根拠からである。学問の自由が保障されるためには、「学問研究活動の自由」をはじめとする、個別の自由を確保するのに必要な客観的制度が保障されねばならな

い。それゆえ「学問の自由」の保障は、「大学の自治」制度の保障も含んでいると解される。大学には、公権力や設置者により干渉されることなく、自由な研究活動が保障されるために、広い範囲での自治が必要とされる。

(2) **経済的自由**

経済的自由とは、「職業選択の自由」、「居住・移転の自由」、「外国移住・国籍離脱の自由」、「財産権の保障」の総称として用いられる言葉である。近代自由国家においては、これら自由は不可侵の権利と解され、経済的自由放任政策によって、社会は調和的に発展するものと考えられた。しかしその後、様々な社会的矛盾が生じた結果、現代の**社会国家（福祉国家）**観からは、これら経済的自由は、「**実質的平等**」の確保のためには、制約を負うものと解されるにいたった。

(a) 職業選択の自由、居住・移転の自由

憲法22条1項は、「何人も、公共の福祉に反しない限り、居住、移転及び職業選択の自由を有する」と定めている。

「**職業選択の自由**」 これは、自己の従事する職業を決定する自由を意味するのであり、それには自己の選択した職業を遂行する自由（**営業の自由**）も含まれると、一般に解されている。「……自由を有する」とは、これらの行為が、公権力により妨げられないことを意味する。ただ営業の自由は、財産権の行使の自由を含む経済活動である点から、29条の保障が及ぶという側面を有する。

「**居住・移転の自由**」 これは、自己の居所または住所を自由に決定し、またそれを変更する自由である。裏返せば、自己の意思に反して居住地を変更されないことである。居住・移転の自由は、もともと職業を遂行、営業を行う場所の選定の自由を保障するためのものであり、その点で経済的自由に含まれる。しかし社会生活が複雑化したことにより、それを経済的観点からのみ捉えるのは適当でなくなった。むしろ「**人身の自由**」から導き出されると解すべきかも知れない。

(b) 外国移住、国籍離脱の自由

憲法22条2項は、「何人も、外国に移住し、又は国籍を離脱する自由を侵されない」と規定する。

　「**移住の自由**」　居住・移転の自由を国外にまで広げるものであるが、移民の受入れは相手国の決定事項であり、ここで憲法の保障する移住の自由は、そのための**出国の自由**であるということができる。

　「**国籍離脱の自由**」　憲法は、国民の自由意思を尊重し、自己の意思により日本国籍を離脱することの自由を認めている。原則として、これを制限したり、あるいは条件を付したりすることは許されない。国籍法が、二重国籍の解消、無国籍の防止という目的から、外国籍の取得を国籍離脱の条件（13条）としているのは、その目的の正当な趣旨から、憲法の反するものではない。

　(c)　財産権の保障

　憲法29条1項は、「財産権は、これを侵してはならない」と定める。この規定は、個人が現に有する**具体的な財産上の権利**（物権、債権、無体財産権、公法上の権利などを含む、財産的価値を有するすべての権利）の保障と、個人が財産を享有し得る法制度（**私有財産制**）の保障という2面をもっている。前者については、公権力が不当に剥奪、あるいは制限を加えることは許されない。後者については、私有財産制度の核心は法律によっても侵すことはできない。

　憲法29条2項は、「財産権の内容は、公共の福祉に適合するやうに、法律でこれを定める」と規定する。この趣旨は、29条1項で保障された財産権の内容が、法律により規制されるということであるが、その際の基準となるのが「公共の福祉」である。

　憲法29条3項は、「私有財産は、正当な補償の下に、これを公共のために用ひることができる」と定めている。この規定は、29条2項の法律による制限を超え、私有財産を「公共」のために収用したり、使用したりすることができることを明示し、あわせて、その際には「**正当な補償**」が必要であることを定めている。なお29条2項・3項による制約の具体的立法例として、土地基本法、国土利用計画法、都市緑地法、独占禁止法、土地収用法等多数のものがあげられる。

　(3)　**人身の自由**

　人身（身体）の自由とは、人が身体的拘束を受けない自由である。過去の歴史は、身体の自由がいかに侵害されてきたかを如実に示しており、この自

由の保障なしに、他の基本的人権を語ることは、無意味である。日本国憲法は、18条で、「奴隷的拘束・苦役からの自由」（基本的人権保障のための基礎）を定め、31条で「法定手続」を保障し、33条以下で、具体的な刑事手続上の権利を詳細に規定している。

18条は、「何人も、いかなる奴隷的拘束も受けない。又、犯罪に因る処罰の場合を除いては、その意に反する苦役に服させられない」と定めているが、ここでいう「奴隷的拘束」とは、「自由な人格者であることと両立しない程度に身体の自由が拘束されている状態」を意味し、いわゆる監獄部屋や「娼妓契約」による人体の拘束がこれにあたる。「その意に反する苦役」とは、「本人の意思に反して強制される労役（肉体的労務）」を指している。わが国における徴兵制度の違憲の根拠として、18条があげられるのは、徴兵制が「本人の意に反して強制される労役」と解されるからである。

31条は、「何人も、法律の定める手続によらなければ、その生命若しくは自由を奪はれ、又はその他の刑罰を科せられない」と定めている。規定の文言だけを読めば、手続の法定のみを求めているようにも解される。しかし通説は、①手続が法律で定められること、②法律で定められた手続が適正であること、③実体もまた法律で定められること（**罪刑法定主義**「法がなければ刑罰なし」）、④法律で定められた実体規定も適正であること、の４つの意味を有すると解する。

33条は、「何人も、現行犯として逮捕される場合を除いては、権限を有する司法官憲が発し、且つ理由となってゐる犯罪を明示する令状によらなければ、逮捕されない」と定める。この規定は、人身の自由に対する公権力の恣意的侵害を防ぐための、いわゆる令状主義を定めたものである。ここでの例外は、現行犯逮捕・準現行犯逮捕（刑訴212条１項・２項、213条）と緊急逮捕（刑訴210条）である。ここでいう「**司法官憲**」とは、裁判官のことであり、公正な地位にある裁判官によって、不当な逮捕を抑制しようとする趣旨である。

さらに具体的な刑事手続として、「不法な抑留・拘禁に対する保障」（34条）、「捜索・押収に対する保障」（35条）が定められている。また刑事被告人の権利として、「公平な裁判所の迅速な公開裁判を受ける権利」（37条１

項）、「証人審問権・喚問権」（37条2項）、「弁護人依頼権」（37条3項）、「不利益な供述強要の禁止、自白の証拠能力」（38条）、「遡及処罰の禁止、一事不再理」（39条）が規定されている。

　なお36条は、「公務員による拷問及び残虐な刑罰は、絶対にこれを禁ずる」と規定する。拷問は、被疑者、被告人から自白を得る最も有効な手段と考えられてきた。わが国においても、拷問はすでに明治12年の**太政官布告**（42号）で禁止されていたが、それが戦前、戦中を通じ、反政府活動弾圧のために多用されたことは、周知の事実である。それゆえ憲法は、拷問を「絶対」に禁止するとしているのである。

　死刑が、ここにいう**残虐な刑罰**に該当するかについては、最高裁判所は、残虐な刑罰とは「不必要な精神的、肉体的苦痛を内容とする人道上残酷と認められる刑罰」（最大判昭23・6・23刑集2巻7号777頁）としている。死刑については、「一人の生命は、全地球よりも重い」としながらも、「死刑の威嚇力によって一般予防をなし、死刑の執行によって特殊な社会悪の根元を絶ち、これをもって社会を防衛せんとしたものであり、また個体に対する人道観の上に全体に対する人道観を優位せしめ、結局社会公共の福祉のために死刑制度の存続の必要性を承認したものと解せられる」とし、13条、31条を根拠にその合憲性を認めている。ただ刑の執行方法について、「火あぶり、はりつけ、釜ゆで」といった方法は、残虐性を有するゆえに認められないとするが、現行の絞首刑は残虐な刑罰にあたらないとする（最大判昭23・3・12刑集2巻3号19頁）。

6　社会権

　基本的人権の思想は、近代市民革命をへて経済的な面では、「私有財産制」あるいは「契約自由の原則」の確保といった形であらわれた。しかし、これら経済的自由の諸原則を基礎とする資本主義の発達は、失業、貧困、飢餓などの様々な矛盾を生み、社会的経済的弱者の人間としての尊厳ある生存を脅かすにいたった。その結果、国家による公的救済が不可避となり、20世紀に入り、自由権的人権（国家からの自由）と異なる、「国家による自由」ともいうべき新しい人権、すなわち社会権が登場するにいたった。それは、社会的

経済的弱者が、国家に対し、「人間に値する生活」を営むことができるよう、立法や行政を通じて積極的な施策を講ずることを要求する権利である。

　日本国憲法は、このような社会権を保障するものとして、「**生存権**」（25条）、「**教育を受ける権利**」（26条）、「**勤労の権利**」（27条）および「**労働基本権**」（28条）の各規定を設けている。

　(1)　**生存権**

　憲法25条1項は、「すべて国民は、健康で文化的な最低限度の生活を営む権利を有する」と定め、2項で「国は、すべての生活部面について、社会福祉、社会保障及び公衆衛生の向上及び増進に努めなければならない」と規定している。1項は、「健康で文化的な最低限度の生活を営む権利」すなわち生存権を保障した規定であり、28条までの社会権を定めた各規定の総則的位置を占める。この生存権実現のために、2項で、国が講ずるべき積極的政策義務（社会福祉、社会保障及び公衆衛生の向上・増進）を定めている。これを受けた立法措置としては、生活保護法、児童福祉法、老人福祉法、身体障害者福祉法、知的障害者福祉法の社会福祉立法、国民健康保険法、国民年金法、雇用保険法等の社会保険立法及び、公衆衛生のための地域保健法、食品衛生法、環境基本法等がある。

　生存権の法的性格（国家に対し「最低限度の生活を営む」ことを具体的権利として請求し得るか否か）については、学説は分れている。

　(a)　**プログラム規定説**

　生存権の規定は、国家に対し、それを立法によって具体化すべき政治的、道義的責務を課したものであり、裁判によって救済を求めることのできる具体的権利を国民に保障したものではない。

　(b)　**抽象的権利説**

　国民は、国家に対し、健康で文化的な最低限度の生活を営むために、立法その他の国政の上で必要な措置を講ずることを要求する抽象的権利を有する。

　(c)　**具体的権利説**

　生存権は、国民が国家に対しその権利の内容にふさわしい立法を行うよう請求できる具体的権利であり、国家が必要な立法措置を講じないことによっ

て生じた生存権の侵害に対して、国民は国の不作為の違憲訴訟を提起できる。

　判例についてみるならば、最高裁判所は、**食糧管理法事件判決**（最大判昭23・9・29刑集2巻10号1235頁）で、憲法25条1項は、「積極主義の政治として、すべての国民が健康で文化的な最低限度の生活を営み得るよう国政を運営すべきことを国家の責務として宣言したものである。それは、主として社会的立法の制定及びその実施によるべき」であるとする。さらに「国家は、国民一般に対して概括的にかかる責務を負担しこれを国政上の任務としたのであるけれども、個々の国民に対し具体的に、現実的にかかる義務を有するものではない」、「この規定により直接に個々の国民は、国家に対して具体的、現実的にかかる権利を有するものではない」と述べ、**プログラム規定説**の立場をとった。その後の**朝日訴訟最高裁判所判決**（最大判昭42・5・24民集21巻5号1043頁）は、プログラム規定説の立場を踏襲し、「具体的権利としては、憲法の規定の趣旨を実現するために制定された生活保護法によって、はじめて与えられ」るとしながらも、「現実の生活条件を無視して著しく低い基準を設定する等憲法及び生活保護法の趣旨、目的に反し、法律によって与えられた裁量権の限界をこえた場合または裁量権を濫用した場合には、違法な行為として司法審査の対象となる」とし、25条に限定された裁判規範性を認めたと解される。

　また**堀木訴訟最高裁判所判決**（最大判昭57・7・7民集36巻7号1235頁）では、「憲法25条の規定の趣旨にこたえて具体的にどのような立法措置を講ずるかの選択決定は、立法府の広い裁量にゆだねられ」るとして、広範な**立法裁量**を認め、「それが著しく合理性を欠き明らかに裁量の逸脱、濫用と見ざるを得ないような場合を除き、裁判所が審査判断するのに適しない」とする。ここで注意すべきは、すくなくとも25条の趣旨を具体化する立法が、「著しく合理性を欠く」ため立法裁量を逸脱するか否かについては、審査可能の立場をとっている点である。これは25条の裁判規範性を認めることであり、本判決は、純然たるプログラム規定説の立場を離れていると解することができる。

(2)　教育を受ける権利

　憲法26条1項は、「すべて国民は、法律の定めるところにより、その能力に応じて、ひとしく教育を受ける権利を有する」と定めている。教育は、人格の形成、発展にとって重要であると同時に、人間の社会的生存にとって不可欠である。この規定は、人間の生存にとり不可欠な「教育」を受ける権利を保障したものであり、一般的には、**教育の機会均等**を保障したものと解される。

　かつての通説的見解は、「教育を受ける権利」を、教育の機会均等を実現するための経済的配慮を国家に対して要求する権利、より具体的には、経済的な面での教育条件整備要求権という社会権的な面でのみ捉え、これをプログラム規定と解していた。その結果、この規定の具体化として旧教育基本法は、国及び地方公共団体に、経済的理由による修学困難な者に対し奨学の方法を講ずることを命じ（3条2項）、また教育行政の目標として、教育の目的を遂行するに必要な諸条件の整備確立を定めた（10条2項）のである。また、平成18年12月の改正教育基本法においても、この社会権的側面は盛り込まれている。

　しかし最近では、「教育を受ける権利」を「たんなる経済的保障に還元するのは教育の本質を見誤るおそれがあるという反省から、『教育を受ける権利』の基礎に、子どもが教育を受けて学習し、人間として成長し、発展していく権利、すなわち**学習権をすえ**」て捉えるべきであるという考え方（**学習権説**）が有力となってきた。最高裁判所も、**旭川学力テスト事件判決**で、憲法26条の「規定の背後には、国民各自が、一個の人間として、また、一市民として、成長、発展し、自己の人格を完成、実現するために必要な学習をする固有の権利を有すること、特に、みずから学習することのできない子どもは、その学習要求を充足するための教育を自己に施すことを大人一般に対して要求する権利を有するとの観念が存在している」と述べ、子どもの学習権を肯定していると解される。

　この結果、「教育を受ける権利」を保障するため、国は子どもの学習権を充足するための合理的教育制度や施設の確立、またそれにふさわしい教育内容を提供する義務を負い、それは「法律の定めるところにより」実現される

ことになる。

　なお「その能力に応じて、ひとしく」（26条1項）という規定の文言の内、「ひとしく」とは、憲法14条の一般原則を前提としたものである。また「能力に応じて」とは、教育を受ける能力と無関係な事情で、その機会が奪われることは許されないということであり、各人の能力に応じた教育をすべての子どもに保障すべきとしたものである。

　憲法26条2項は、「すべて国民は、法律の定めるところにより、その保護する子女に普通教育を受けさせる義務を負ふ。義務教育は、これを無償とする」と定めている。この規定は、26条1項の教育を受ける権利（子どもの学習権）に対応して、国民（親権者あるいは後見人）に、その保護する子女を就学させる義務を定めたものであり、また国に対しては義務教育制度の整備を義務づけたものと解される。なお**「義務教育の無償」**の無償に関しては、その範囲について、**授業料無償説**が判例および多数説のとる立場である。

　最高裁判所は、**教科書費国庫負担請求事件**（最大判昭39・2・26民集18巻2号343頁）で、26条2項「の無償とは授業料の不徴収の意味と解するのが相当」としている。ただ教科書等の費用の負担については、「できるだけ軽減するよう配慮、努力することは望ましいところであるが、それは、国の財政等の事情を考慮して立法政策の問題として解決すべき事柄であ」るとする。なお「義務教育諸学校の教科用図書の無償措置に関する法律」（昭和38年法182号）により、義務教育用教科書は無償配布されることになった。

(3)　勤労の権利・労働基本権

(a)　勤労の権利

　憲法27条1項は、「すべて国民は、勤労の権利を有し、義務を負ふ」とし、2項で「賃金、就業時間、休息その他の勤労条件に関する基準は、法律でこれを定める」、3項で「児童は、これを酷使してはならない」とする。この規定は、**「勤労の権利及び義務」**、**「労働条件の基準の法定」**、**「児童酷使の禁止」**を定めている。

　「勤労の権利」については、一般的に、社会権と解され、労働の能力と意思を有しながら、就職の機会が得られない場合、「就職の機会が得られるよう国に対して配慮を求め、なお就職できない場合には、雇用保険制度などを

通じて適切な措置を講ずることを要求する権利」と解される。その結果、具体的請求権ではないとする見解が有力である。

　なお「勤労の権利」は職業安定法、労働施策総合推進法、雇用保険法等に、「労働条件の基準の法定」は労働基準法、最低賃金法等に、「児童の酷使の禁止」は労働基準法、児童福祉法等に、具体化されている。

　(b)　**労働基本権**

　憲法28条は、「勤労者の団結する権利及び団体交渉その他の団体行動をする権利は、これを保障する」と定めている。

　近代市民社会の生成と切り離すことのできない「**私的自治**」、「**契約自由**」の両原則は、資本主義経済の発展とともに、様々な矛盾を生じさせた。それは、雇用関係では、使用者の労働者に対する、力関係での圧倒的優位となってあらわれ、また同時に、社会での富の配分における重大な格差となってあらわれた。そもそも「契約自由」の原則は、契約当事者が対等である場合、その規範としての効力が妥当なものとなるのであり、一方の当事者が圧倒的優位な力関係の下では、かえって強者側の自由のみを助長するという結果をもたらすこととなった。このような状況を是正し、労働者と使用者との対等な立場を確保し、実質的な「契約の自由」の実現をはかるために保障されるのが、労働基本権である。

　28条は、労働基本権として、「**団結権**」、「**団体交渉権**」、「**団体行動権**」（争議権）のいわゆる**労働三権**を保障している。

　労働基本権の法的性格としては、①自由権（国家からの自由）的側面として、「国家は、この権利を侵害してはならず、正当な争議行為を刑事制裁の対象としてはならない（**刑事免責**『国家の刑罰権からの自由』）」、②民事上の権利という側面として、「特別の立法をまつまでもなく、私人間においてこの権利を侵害する契約は無効となり、また正当な争議行為は債務不履行や不法行為責任を発生させることはない（**民事免責**）」、③社会権的側面として、「この権利の保障を確実なものとするためには、国の立法その他による積極的措置が必要であって、勤労者はそのような措置を講ずることを国に要求する権利を有する」、といった3つのものが考えられる。

7　国　会

(1)　国会の地位

日本国憲法は、三権分立（41条、65条、76条）を規定しており、その中でも特に民意の代表機関としての国会は極めて重要な役割を有する。

憲法上、国会は、「**国民の代表機関**」、「**国権の最高機関**」、「**唯一の立法機関**」、という3つの地位を有している。

(a)　国民の代表機関

憲法は前文で「日本国民は、正当に選挙された国会における代表者を通じて行動し」と述べ、わが国が代表民主制をとることを宣言し、次いで43条で「両議院は、全国民を代表する選挙された議員でこれを組織する」と規定している。ここでの「全国民を代表する」という言葉の意味は、国会議員は、その選出選挙区や選出母体の代表ではなく、全国民の代表であるということである。それゆえ、その活動にあたっては、選挙人の指令や委託に拘束されず、自主独立してその職務を行う（**自由委任**）。また特定政党の公認で当選した議員が、その後他党に移籍するようなことがあっても、その地位を失うことはない。なお、平成12年の法改正で、比例代表選出議員が選挙当時にあった別の政党に移動することは禁止された（公選法99条の2）。

(b)　国権の最高機関

憲法41条は「国会は、国権の最高機関であ」ると定めている。国会は、国家権力を行使する諸機関の中で、最高の地位にある。しかしここでいう「最高」とは、国会が、他の国家機関（内閣や裁判所）に対し上位するといったような、優越的地位を占めることを意味するものではない。「国権の最高機関」とは、「国会が諸々の国家機関の中で主権者たる国民に最も近く位置することから、そのような地位にある国会に冠せられた政治的美称であり、それ以上の特別な法的意味はない」とするのが通説であり、**政治的美称説**ともいわれる。

(c)　唯一の立法機関

憲法41条は「国会は、……唯一の立法機関である」と定めている。ここでいう立法とは、およそ一般的、抽象的な法規範をすべて含む**実質的意味の立法**である。「唯一の立法機関」については、2つの意味が含まれている。

第1は、「**国会中心立法の原則**」である。これは、実質的意味の立法権は国会が独占し、国会以外のものが立法することは認められない、とする原則である。これに対する例外としては、衆・参両議院の規則制定権（58条2項）、最高裁判所の規則制定権（77条）がある。

第2は、「**国会単独立法の原則**」である。これは、国会の立法は、国会以外の機関の参与を必要とせず、国会の議決のみで成立するという原則である。明治憲法のように天皇の裁可（6条）を必要としない。現行憲法上の天皇による法律の公布（7条1項）は、国事行為としての形式的・儀礼的行為である。この原則に対する例外として、地方自治特別法の制定（95条）があげられる（住民投票が必要とされる）。

(2) **国会の組織**

「国会は、衆議院及び参議院の両議院でこれを構成する」（42条）。二院制とは一院制に対する観念である。両議院はそれぞれ別個に構成され、各々独立してその意思を決定し、両者の意思が合致するとき国会の意思が成立する。

(a) **議院の組織**

両議院は、全国民を代表する選挙された議院で組織される（43条）ものとする。議員の任期について、「衆議院議員の任期は、4年とする。但し、衆議院解散の場合には、その期間満了前に終了する」（45条）とし、「参議院議員の任期は、6年とし、3年ごとに議院の半数を改選する」（46条）と定める。当然のことながら、両議院の兼職は禁止される（48条）。両議院の定数については法律で定める（43条2項）とし、これを受けて公職選挙法は、「衆議院議員の定数は、465人とし、そのうち、289人を小選挙区選出議員、176人を比例代表選出議員」（4条1項）とし、「参議院議員の定数は248人とし、そのうち、100人を比例代表選出議員、148人を選挙区選出議員とする」（4条2項）と定めている。

(b) **二院の関係**

前述の通り、両議院は各々独立して議案を審議し、議決を行い（56条）、両者の意思が合致するとき国会の意思が成立する（59条）。しかし両院の権限は対等ではなく、次の点で**衆議院の優越性**が認められる。

　第1に、権限事項に関しては、衆議院の予算先議権（60条1項）、内閣不信任決議（69条「衆議院の議決のみが法的効果を有する」）があげられる。

　第2に、議決の効力面で認められる衆議院の優越性に関しては、法律、予算の議決（59条2項・4項・60条2項）、条約の承認（61条）、内閣総理大臣の指名（67条2項）があげられる。

　なお両議院間で意見が対立した場合、両者の妥協を可能にするため両院協議会（国会法84〜98条）がある。

　(3)　**国会の権能**

　国会は、憲法上、「法律制定権」、「予算議決権」、「条約承認権」、「憲法改正の発議権」、「内閣総理大臣の指名権」、「弾劾裁判所の設置」等の権限を有する。

　(a)　「法律制定権」

　法律案は、憲法に特別の定めのある場合を除き、両議院で可決したとき法律となる（59条1項）。法律が制定されるまでには、「発案」、「審議」、「議決」、「署名」、「公布」という手続をへることになる。

　法律の発案は議員による場合（国会法56条）と内閣が法律案の提出を行う場合（憲法72条、内閣法5条）とがある。

　国会における議案の審議は、委員会を中心に行われる。衆議院、参議院ともに17の常任委員会と、それぞれ特別委員会が設置されている（国会法40条・41条）。議院に議案が提出された場合、それを議長が適当な委員会に付託し（56条2項）、委員会で質疑、応答、表決をへた後、本議会に回される。

　衆議院で可決された法律案について参議院でそれと異なる議決をし、両院協議会を開いても一致をみない場合、また参議院が衆議院の可決した法律案を受けとった後、国会休会中の期間を除いて60日以内に議決しないときは、衆議院で出席議員の3分の2以上の多数で再び可決したときは、法律となる（59条）。

　(b)　「予算議決権」

　憲法は、国の財政処理権がすべて国会の議決に基づかなければならない（83条）とし、国会に対し、財政についての全般的統制を認めている。その際、重要となるのが、国会の予算議決権である。内閣は毎会計年度の予算を

作成し、国会に提出して、その審議を受け議決をへなければならない（86条）。予算案の作成、提出権は、内閣にのみ与えられている（73条5号）。衆議院に予算の先議権を認めた理由としては、予算の基礎となるものが国民の負担する税金である以上、その使い方に最も関心があるのは国民であるから、それゆえに、国民代表としての性格がより強い衆議院が先議するにふさわしい、ということである。

予算案は、参議院で衆議院と異なった議決がなされ、両院協議会を開いても、意見が一致しないとき、または参議院が衆議院の可決した予算を受けとった後、国会休会中を除いて30日以内に、議決しないときは、衆議院の議決が国会の議決となる（60条2項）。

(c) 「条約承認権」

条約の締結権は内閣にあるが、事前、時宜によっては事後に国会の承認を経ることを必要とする（73条3号）。条約の締結に対する国会の承認は、ことの性質上、締結前（事前）にへるのが望ましいことはいうまでもない。しかし実際の外交政策上の必要に基づくときには、「事後」に国会の承認をへることもやむを得ない場合もあり得るとの意味である。

なお国会の承認を求める場合、予算の先議権と同様に、衆議院に先議権がある（61条）。

(d) 「憲法改正の発議権」

日本国憲法の改正に関しては、国民代表機関としての国会は、衆議院、参議院それぞれの総議員の3分の2以上の賛成をもって、改正案を発議することができるが、これが成立するためには、国民投票において過半数の賛成を必要とする（96条1項）。ここにいう「発議」とは、国民投票に付すべき憲法改正案を、決定することである。

(e) 「内閣総理大臣の指名権」

国会は、内閣総理大臣を、国会議員の中から、その議決で指名する（67条）。これは憲法のとる議院内閣制の結果であり、衆議院の内閣不信任案決議権（69条）とともに、国会の有する重要な機能の1つである。この指名は、他のすべての案件に先立つ最優先事項である（67条1項）。衆参両議院が異なった議決を行った場合、両院協議会を開いても意見が一致しないと

き、または衆議院が指名の議決をした後、国会休会中の期間を除き、10日以内に参議院が指名の議決をしないときは、衆議院の議決が国会の議決となる（67条2項）。

（f）「弾劾裁判所の設置」

憲法は、司法権の独立を確保する一環として、「裁判官は、裁判により、心身の故障のために職務を執ることができないと決定された場合を除いては、公の弾劾によらなければ罷免されない」（78条）とし、裁判官の身分保障を厚くしている。

国会は、この公の弾劾を行うための機関として、両院の議員で組織する弾劾裁判所を設ける（64条1項）。弾劾裁判所は、両議院の議員各7名で構成され、同じく両議院の議員各10名で構成される裁判官追訴委員会の追訴を受けて裁判を行う（国会法125条・126条、裁弾法5条・16条）。なお弾劾裁判所は、国会から全く独立しており、国会閉会中も活動することができる（裁弾法4条）。

この他に国会には、「予備費の設定と支出に関する承諾」（87条）、「皇室費用に関する議決権」（8条・88条）の権限がある。

（4）　**両議院の権能**

「**国政調査権**」　両議院が、立法その他国政を行うためには、情報は不可欠であり、そのための調査の権能も当然、必要となってくる。憲法は、「両議院は、各々国政に関する調査を行ひ、これに関して、証人の出頭及び証言並びに記録の提出を要求することができる」（62条）とする。なお調査権限の及ぶ範囲については、「議院の調査活動は、議院のもつそれぞれの権能を行使するために必要な事実を解明する補助手段として与えられたものであり、その範囲はあくまでも、国会ないし議院の権能と関連する範囲に限定される」（**補助的権能説**）が、通説であり、実際の運用もそのように行われている。いずれにしても他の機関の権限を侵すことは許されず、特に司法権の独立に対する侵害は絶対に許されない。

8　内　閣

(1)　議院内閣制

　議院内閣制（parliamentary government）とは、「行政府が国民代表議会を基礎として存立し、議会に対して責任を負い、多かれ少なかれ両者の間に共働と均衡の関係を保障する統治様式」である。そして「この関係を確保するために、行政府の存立が議会の信任に依存するほか」、両者には「相互に働きかけまた他を抑制する手段が与えられている」。

　わが国の内閣制度は、明治18年（1885）12月の太政官制の廃止と「内閣職権」の制定から始まった。さらに明治憲法（大日本帝国憲法）が公布された明治22年、勅令で「内閣官制」が制定され、法的に整備されたものとなった。

　明治憲法は、天皇が統治権を総攬する（4条）という体制の下で、内閣という合議体として国務大臣が結合することを嫌い、憲法上に内閣に関する規定を設けず、ただ「国務各大臣ハ天皇ヲ輔弼シ其ノ責ニ任ス」（55条）として、国務大臣の単独輔弼を原則と定めているにすぎなかった。

　そのため、明治憲法下の内閣は、「**内閣官制**」に基づいて運用された。「内閣官制」は、「内閣ハ国務各大臣ヲ以テ組織ス」（1条）と規定するとともに、「内閣総理大臣ハ各大臣ノ首班トシテ機務ヲ奏宣シ旨ヲ承ケテ行政各部ノ統一ヲ保持ス」（2条）るものとした。明治憲法下の内閣は、各国務大臣の輔弼のための協議体としての機能と、行政機関としての機能という2つの機能を有していた。

　日本国憲法が議院内閣制を採用していることは、次の各規定にあらわれている。まず国権の最高機関としての国会（41条）と行政権の帰属主体としての内閣（65条）を設け、両者の関係について、内閣の連帯責任の原則（66条3項）を定め、さらに内閣の責任を問う手段として、衆議院の内閣不信任議決権（69条）、これに対抗する内閣の衆議院解散権（69条）を規定している。この他、議院内閣制に随伴する制度として、内閣総理大臣の指名（67条1項）、内閣総理大臣及びその他の国務大臣の過半数は国会議員たること（67条・68条）内閣総理大臣が欠けたとき、又は衆議院議員総選挙後に初めて国会の召集があったときの、内閣の総辞職（70条）、閣僚の議院出席の権利と

義務（63条）等がある。

(2) 内閣の地位と権能

(a) 内閣の地位

憲法65条は、「行政権は、内閣に属する」と定める。行政とは、法を執行し、適用することにより、国家目的の実現をはかる作用である。ここにいわれる「行政」とは、国家作用の内から立法、司法の両作用を除いた残りの作用とするのが通説（**控除説、消極説**）である。

65条は、内閣が、国のすべての行政作用を統括する地位にあるということ、さらに、行政権の行使について最終的に責任を負うことを意味している。

現代国家において、国政上、行政の占める割合は極めて大きく、実質的には議会を凌ぐまでになってきている。現代国家が**行政国家**といわれるゆえんであり、それゆえに議会によるコントロールが重要となってくる。

(b) 内閣の権能

憲法73条は、「内閣は、他の一般行政事務の外、左の事務を行ふ」と定め、以下7つの事項を規定している。ここでいう「他の一般行政事務」が何を意味するかについて、この規定の趣旨は、本条で列挙されるものは内閣の権限に属する重要なものの**例示**であり、その権限はこれに限られない、ということにあると解される。

まずこの規定に列挙される7項目について、①法律の誠実な執行と国務の総理（73条1号）、②外交関係の処理（同2号）、③条約の締結（同3号）、④官吏に関する事務の掌理（同4号）、⑤予算の作成（同5号）、⑥政令の制定（同6号）、⑦恩赦の決定（同7号）

これ以外の内閣の権限については、①天皇の国事行為に対する助言と承認（3条）、②最高裁判所長官の指名（6条2項）、③国会の臨時会召集の決定（53条）、④参議院の緊急集会の請求（54条2項）、⑤長官以外の最高裁判所裁判官の任命（79条1項）、⑥下級裁判所裁判官の任命（80条1項）、⑦予備費の支出（87条1項）、⑧決算の国会への提出（90条1項）、⑨国会及び国民に対する国の財政状況の報告（91条）等があげられる。

(3) 内閣の組織と運営

(a) 内閣の組織

憲法66条1項は、「内閣は、法律の定めるところにより、その首長たる内閣総理大臣及びその他の国務大臣でこれを組織する」と定めている。これを受けて内閣法が制定されており、「内閣は、国会の指名に基づいて任命された首長たる内閣総理大臣及び内閣総理大臣により任命された国務大臣をもって、これを組織する」（2条1項）、「前項の国務大臣の数は、14人以内とする。ただし、特別に必要がある場合においては、3人を限度にその数を増加し、17人以内とすることができる」（2条2項）と規定する。

内閣成立の原点は、国会による内閣総理大臣の指名に始まる。国会は、他のすべての案件に先立って、国会議員の中から内閣総理大臣を指名しなければならない（67条1項）。これは前述の通り、議院内閣制に伴う制度である。わが国においては、例外なく衆議院議員から選出されている。ここから組織が始まるのであり、「天皇は、国会の指名に基いて、内閣総理大臣を任命する」（6条1項）。この任命行為は、内閣の助言と承認に基づく国事行為（3条）であり、形式的・儀礼的行為である。

内閣は合議制の機関である以上、それが成立するためには、他の国務大臣の任命が不可欠である。「内閣総理大臣は、国務大臣を任命する」（68条1項）とあるが、この場合、国務大臣「の過半数は、国会議員の中から選ばれなければならない」という制約がある。国務大臣の選任については、内閣総理大臣は全く自由であり、その自由な罷免権（68条2項）とともに、内閣総理大臣を中心とする、合議体としての内閣の一体性を保障する重要な手段となっている。

なお、内閣総理大臣は、その他の国務大臣の在職要件として、「内閣総理大臣その他の国務大臣は、文民でなければならない」（66条2項）と定めている。文民という言葉は、「civilian」の訳語で、本来、軍人に対する「市民」という意味である。ここでいう「文民」が何を意味するかについては、次のように説が分れている。①現在職業軍人でない者をいう。現在職業軍人であっても、辞めた時から「文民」になる。②職業軍人の経歴のない者をいう。現在職業軍人である者はむろん、過去においてそうであった者は、辞め

た後も本条にいう「文民」ではない。③過去において職業軍人であっても、軍国主義に強く染まっていない者。

　当初の議論で問題となったのは、旧軍の経歴であるが、現在、自衛隊（これを軍隊と呼ぶかどうかは別にして、実体はまさにそのものであるから）が存在している以上、制服の自衛官以外を「文民」と解するのが相当であろう。

　(b)　内閣の運営

　憲法は、内閣の運営方法について、特別の規定を設けてはいない。ただ66条1項を受けて制定された内閣法は、「内閣がその職権を行うのは、閣議によるものとする」（4条1項）としており、閣議には、閣僚全員の出席が原則とされる。明治憲法では、「国務各大臣ハ天皇ヲ輔弼シ」（55条）とあり、各国務大臣がそれぞれ天皇を補佐するのが基本であった。しかし日本国憲法では、「いっさいの行政が内閣全体の責任で行われることに対応して、閣議中心主義」がとられている。「閣議は、内閣総理大臣がこれを主宰する」（内閣法4条2項）。その運営については、憲法上の慣行とされ、非公開で行われ、その意思決定に関しては、閣僚の一体性と連帯責任（66条3項）の点から、全員一致によるものとされている。その結果、閣議で意思が一致しない場合、内閣の総辞職か、あるいは大臣の辞職もしくは罷免（68条2項）の問題が生ずる。閣議は、「定例閣議」、「臨時閣議」、「持回り閣議」の3つの方法で行われている。

　なお憲法66条3項「内閣は、行政権の行使について、国会に対し連帯して責任を負ふ」にいう「責任」は、原則として、**政治的責任**である。文言上、国民代表機関たる国会に対する責任であることは明白であるが、最終的には、主権者たる国民に対するものであることは、議院内閣制の成り立ちから当然というべきであろう（**民主的責任行政の原則**）。

　9　裁判所

　憲法の目的は、基本的人権の保障にあり、その確保のための基本的な制度的原理として、「**三権分立**」、「**法の支配**」（rule of law）が取り入れられている。前述したように、法の支配という考えは、中世のイギリスに生まれた。13世紀のイギリスのブラクトン（Bracton）の「国王は、何人の下にもある

べきではないが、神と法の下にはあるべきである」という言葉は、rule of law の精神の真髄を示したとされる。「法の支配」の内容として重要なものは、現在では、①憲法の最高法規制、②権力によって侵されない個人の人権、③法の内容、手続の公正を要求する適正手続、④権力の恣意的行使をコントロールする裁判所の役割に対する尊重、等があげられる。このように見ると、「法の支配」の原理の実質的内容は、人の恣意による支配をできるだけ排して、個人の自由、権利の保障を目的とする法の実現を目指すものである。この「法の支配」を実現し、保障するのが裁判所である。

(1)　司法権の概念と帰属

(a)　司法権の概念

憲法76条1項は、「すべて司法権は、最高裁判所及び法律の定めるところにより設置する下級裁判所に属する」と規定している。ここにいう「司法権」とは、「具体的争訟について、法を適用・宣言することによって、これを解決する国家の作用」と、一般に解される。この憲法の規定を受けて、裁判所法3条1項は、「裁判所は、……一切の法律上の争訟を裁判し」と定めているが、ここにいう**法律上の争訟**とは、「具体的争訟」を指していると解される。「法律上の争訟」（『争訟性』あるいは『事件性』のある紛争）は、「①当事者間の具体的な権利義務ないし法律関係の存否（刑罰権の存否を含む）に関する紛争であって、②法律の適用により最終的に解決できるもの」という2つの要素から成るとされている。この結果、ここにいう2要素を備えていない紛争には、司法権は及ばないことになる。これに該当する事例としては、具体的権利侵害が生じていない（争訟性・事件性の欠如）にもかかわらず、抽象的に法律の効力を争ったものがある。最高裁判所は、**警察予備隊違憲訴訟**（最大判昭27・10・8民集6巻9号783頁）で、「我が裁判所は具体的な争訟事件が提起されないのに将来を予想して憲法及びその他の法律命令等の解釈に対し存在する疑義論争に関し抽象的な判断を下すごとき権限を行い得るものではない」と判示し、司法権の及ぶ要件として、紛争の争訟性（事件性）を確認している。

なおこの他に、争訟性の欠如する事例として、「**単なる事実の存否、個人の主観的意見の当否、学問上・技術上の論争**」等についての訴え、あるいは

「信仰対象の価値または宗教上の教義に関する判断」を求める訴えがあり、これらに司法権は及ばないと解される。

　(b)　司法権の限界

　司法権はすべて裁判所に属する（76条1項）。これを受けて、裁判所は、「一切の法律上の争訟を裁判」（裁判所法3条1項）すると規定されているが、この原則については例外がある。

　まず憲法自体が定める例外事項として、「両議院の行う議員の資格争訟裁判」（55条）、「裁判官の弾劾について国会の設置する弾劾裁判所の裁判」（64条）がある。これらの裁判の結果については、そもそも司法裁判所の判断を求めること自体が想定されていないと解される。

　これ以外に、憲法上の明文の規定はないが、司法権の本質及び三権分立の原則という点から、司法権自体に内在する一定の限界がある。この例としては、**「議院や内閣の自律権に属する事項」**、**「行政権の裁量に属する事項」**、**「立法権の裁量に属する事項」**、**「統治行為に関する事項」**、**「団体内部の自律的事項」**などがある。

　(c)　司法権の帰属

　憲法76条1項は、司法権は「最高裁判所及び……下級裁判所に属する」と規定している。明治憲法では、統治権（その内の一部が司法権）の総攬者である天皇が、司法権の主体であり、裁判所はその天皇に代わって司法権を行使していた（明治憲法57条）のである。しかし日本国憲法では、司法権は、最高裁判所及び下級裁判所に帰属する固有の権利である、ことが宣言されている。

　日本の裁判制度は、最高裁判所を頂点とする一元的段階構造の中で、上下の審級制をとっている。「特別裁判所は、これを設置することができない。行政機関は、終審として裁判を行ふことができない」（76条2項）との規定は、この一元制の一端を示している。その結果、一元的系列に入らない特別裁判所（特殊な事件のみを扱う裁判所、例えば明治憲法下での軍法会議、皇室裁判所、行政裁判所等）は、現行憲法下では設置を認められない。また裁判所による権利の保護（裁判を受ける権利「32条」により実現される）を完全なものとするため、**行政機関の終審裁判を禁止**している。なお行政機関（人事

院、選挙管理委員会、公正取引委員会、特許庁、海難審判所等）が、裁判所の前審として審判することは妨げられない（裁判所法3条2項）。

(2) 司法権の独立

司法権の独立は、裁判権が専制君主の統治権の一部であったがために、人々の権利がおうおうにして侵害され、またその保障が十分とはならなかったという史的事実の反省から、近代立憲主義の重要な原則として、確立されたものである。ここでは、裁判が、他の権力の干渉や圧迫を受けることなく、自由な立場で厳正かつ公正に行われることが、要請されている。司法権の独立は、まず三権分立により、司法府が他の国家機関から全く独立している、という点にあらわれる。さらにこの独立をより完全なものとするために、様々な保障の制度が設けられる。ちなみに、わが国において司法権の独立が確立された重大な事例としてあげられるのが、**大津事件**（明治24年）である。滋賀県大津市でおきた当時来遊中のロシア皇太子襲撃事件において、政府は、事件の重大性、政治的配慮から、大審院に対し、被告人（津田三蔵）に（旧）刑法皇室罪で死刑判決を下すよう要請したが、大審院は、普通殺人未遂罪で無期懲役とした。この際、大審院長児島惟謙は、政府の干渉を排して、司法権の独立を守ったのである。

なお現行日本国憲法下での司法権の独立をめぐる事件としては、**浦和充子事件**がある。これは司法権と議院の国政調査権（62条）との関係が問題とされた事例である。親子心中を図り3人の子を殺害した浦和充子に対し、浦和地裁は懲役3年、執行猶予3年の判決を下したが、昭和23年、参議院法務委員会は、これを国勢調査の対象とし、本件地裁判決を事実認定および量刑の点で不当との決議を行い、参議院議長に報告した。これに対し最高裁判所は、昭和24年、法務委員会の一連の行為は、司法権の独立を侵害するとの抗議を行った。

(a) 裁判官の職権の独立

憲法76条3項は、「すべて裁判官は、その良心に従ひ独立してその職権を行ひ、この憲法及び法律にのみ拘束される」と規定している。裁判官は、法のみに基づいて職権を行使することにより、公正な裁判を行うことができるのである。この規定は、その職権の行使にあたり、法以外のものからの拘束

を受けないことの保障を意味している。裁判官は、当然のことながら、自己の自主的判断に基づき法を解釈適用する。しかしここでいう「良心に従ひ」の「良心」とは、「裁判官の個人的主観、世界観、政治的信条」を意味するのではなく、「実定法規の客観的で厳正な解釈、適用を志向する裁判官としての職務上の良心」を指している。

　(b)　裁判官の身分保障

　裁判官の職権の独立を確保するためには、裁判官の身分保障という、実質的裏付が必要となる。憲法78条は、裁判官の身分保障について、「裁判官は、裁判により、心身の故障のために職務を執ることができないと決定された場合を除いては、公の弾劾によらなければ罷免されない」と定めている。すなわち裁判官が本人の意思に反してその地位を失うのは、①裁判所により、心身の故障のために職務を執ることができないと決定された場合、②公の弾劾による場合（64条）、ちなみに、公の弾劾とは民意に基づいて裁判官を弾劾することである。③最高裁判所裁判官の国民審査による場合（79条3項）、である。裁判官は、これ以外の事由で罷免されることは一切ない。なお、①については「裁判官分限法」、②については「裁判官弾劾法」、③については「最高裁判所裁判官国民審査法」に詳細を定めている。

　裁判官の懲戒処分については、「職務上の義務に違反し、若しくは職務を怠り、又は品位を辱める行状があったときは……裁判によって懲戒される」（裁判所法49条）と定められているが、ここにいう裁判とは、裁判所による裁判である。憲法78条は、「裁判官の懲戒処分は、行政機関がこれを行ふことはできない」と定めているのは、この趣旨であり、裁判所の自律権の保障を意味している。

　裁判官の年齢の面からの身分保障である定年について、憲法79条5項及び80条1項は、法律で定めるとしている。これを受けて裁判所法は、最高裁判所及び簡易裁判所の裁判官は70歳、高等裁判所、地方裁判所、家庭裁判所の裁判官は65歳を定年年齢と定めている（50条）。

　さらに経済面からの身分保障として、憲法79条6項及び80条2項は、裁判官は「すべて定期に相当額の報酬を受け」、「在任中、これを減額することができない」と定めている。

⑶　**裁判所の構成**

⒜　**最高裁判所**

⒤　**最高裁判所の構成**

　最高裁判所は、「その長たる裁判官」（最高裁判所長官）と裁判所法（5条3項）の定める14名の「その他の裁判官」（最高裁判所判事）の計15名から構成されている（憲法79条1項）。最高裁判所長官は、内閣の指名に基づいて天皇が任命し（6条2項）、その他の裁判官は内閣が任命する（79条1項）。

　最高裁判所は大法廷と小法廷で構成され、事件の種類に応じて、それぞれが審理及び裁判を行う（裁判所法9条1項）。大法廷は全員の裁判官の、小法廷は3人以上で最高裁判所の定める員数（最高裁判所裁判事務処理規則2条）の裁判官の、合議体（裁判所法9条2項）である。各合議体の裁判官のうち1人を裁判長とする（同9条3項）。

　最高裁判所の裁判官には、**国民審査の制度**（79条2項）がある。これは、最高裁判所裁判官に対する国民による罷免の制度であり、憲法15条の公務員の選定罷免権に基づく、国民固有の権利である。その目的は、最高裁判所裁判官を「適当な範囲と程度において」、主権者たる国民の「民主的コントロールのもとにおこう」とすることにある。具体的には、「その任命後初めて行はれる衆議院議員総選挙の際国民の審査に付」され、「その後10年を経過した後初めて行はれる衆議院議員総選挙の際更に審査に付」される（79条2項）。その結果、「投票者の多数が裁判官の罷免を可とするときは、その裁判官は、罷免される」（79条3項）。

⒤⒤　**最高裁判所の規則制定権**

　憲法77条1項は、「最高裁判所は、訴訟に関する手続、弁護士、裁判所の内部規律及び司法事務処理に関する事項について、規則を定める権限を有する」と規定している。この規則制定権は、「国会中心立法の原則」の例外であるが、①司法に関する事項について国会や内閣の干渉を排除し、裁判所の自律性を確保する（司法権の独立）という見地、②裁判に関する技術的事項については、裁判の事情に精通する裁判所自体が定めることが最も適切であるという見地から、終審裁判所である最高裁判所に賦与されたものである。

　なお、77条1項に定められている事項について、裁判所規則と法律が競合

する場合、法律は規則に優位するというのが、通説である。

　　　(iii)　下級裁判所

　下級裁判所は、「高等裁判所」、「地方裁判所」、「家庭裁判所」及び「簡易裁判所」から成る（裁判所法2条1項）。下級裁判所の裁判官は、最高裁判所の指名した名簿によって、内閣が任命する（憲法80条1項）。すなわち任命権を内閣に授権しながら、その任命権の実質を最高裁判所の指名の枠内に限定している。この趣旨は、「一方で、三権分立の抑制均衡をはかり、司法部の独善を排除することをねらいつつ、他方、司法部の自主性を尊重して司法権の独立」を確保するというものである。

　　(4)　**違憲審査制**

　憲法81条は、「最高裁判所は、一切の法律、命令、規則又は処分が憲法に適合するかしないかを決定する権限を有する終審裁判所である」と規定し、違憲審査制度を採用している。これは、98条1項の憲法の「最高法規性」の保障を裁判所に託すことにより、**憲法保障**（国民の憲法上の権利の保障及び憲法規範全体の保障）の実現をはかろうとするものである。

　違憲審査制度には、「**付随的違憲審査制**」と「**抽象的違憲審査制**」という、2つの類型がある。前者は、「通常の裁判所が、具体的な訴訟事件を前提として、その手続の中で、原則としてその訴訟の解決に必要な限りにおいてのみ、違憲審査権を行使する制度」である。この場合、違憲判決が下されたときには、その効力は個別的であり、当該事件についてのみ及ぶものとされる。

　これに対し後者は、通常の裁判所とは異なった**憲法裁判所**が、具体的訴訟事件とは関係なく、抽象的に法令やその他の国家行為について、違憲審査権を行使する制度である。この場合、違憲判決が下されたときには、その効力は一般的であり、当該法令は直ちに失効する。

　憲法81条のとる違憲審査制は、「付随的違憲審査制」とされる（警察予備隊事件訴訟判決、最大判昭27・10・8民集6巻9号783頁）。なお違憲審査権は、司法権の行使に付随した合憲性の判断であるという点から、この権限は当然下級裁判所も有する。

10　財政

⑴　財政立憲主義

財政とは、国家がその任務をおこなうために必要な財力を調達し、管理し、使用する作用をいう。国家の財政は、国民の負担に直接かかわると同時に、その在り方は国政に方向と性格を基礎づける基盤である。このことから、財政の民主的統制が不可欠とされ、財政の重要事項についての決定は国民の代表機関である議会の同意（財政の議会による統制）を必要とするという、近代立憲主義上の重要な基本原則（**財政立憲主義＝財政国会中心主義**）が確立された。「もともと、財政立憲主義の確立は、近代的な議会制の発達の１つの主要な原動力となったものである。近代的議会制度は、まさに、財政に対する国民の統制を確立するために生まれ発達してきたものであるとさえいえる。まず、イギリスでは、租税承認権をめぐって、国王に対抗する議会の権限が発展し、1215年の**マグナ・カルタ**において、国会の同意なくして国王は租税その他の徴収金を課することができないとする原則が定められ、1628年の**権利請願**においても、同様の原則が確認された。そして1689年の権利章典においては、租税の徴収のみならずその使途についても国会の同意が必要であるとされ、国の財政は収入支出の両面において国会の統制のもとにおかれるものとなった。また、フランスでも、財政問題がフランス革命の１つの動機となったのであり、1789年の**人権宣言**は、『すべての市民は、自身でまたはその代表者により公の租税の必要性を確認し、これを自由に承諾し、その使途を追及し、かつその数額・基礎・徴収および存続期間を規定する権利を有する』（14条）との規定をおいている。さらに、アメリカにおいても、「代表なければ課税なし」のスローガンにみられるように、イギリス本国議会による一方的課税が独立革命を引き起こすこととなった。」

わが国においては、明治憲法も、財政立憲主義の原則を一応は採用し、租税法律主義（62条）、予算に対する議会の協賛（64条）などを定めていたが、また多くの重要な例外（62条２項、64条２項、66条、67条、70条、71条）が設けられていた。

これに対し、日本国憲法は、国会による財政統制を徹底させる立場をとり、83条に「国の財政を処理する権限は、国会の議決に基いて、これを行使

しなければならない」と規定し、財政立憲主義の原則を明確に宣言している。なおこの原則は84条以下の規定に具体化されている。

(2)　租税法律主義

　憲法84条は、30条の**納税の義務**「国民は、法律の定めるところにより、納税の義務を負ふ」を受けて、「あらたに租税を課し、又は現行の租税を変更するには、法律又は法律の定める条件によることを必要とする」と規定している。これは、国民に強制的に賦課し徴収する租税については、国民代表の制定する法律によらなければならないとする、租税法律主義を明示したものである。ここでいう租税とは「国または地方公共団体が、その経費に充てる目的で（特別の給付に対する反対給付としてではなく）強制的に徴収する金銭」をさす。租税法律主義とは、税の種類や課税根拠などの基本的事項だけでなく、具体的課税要件（納税義務者・課税物件・課税標準・税率等）および徴税手続きなど、租税の賦課・徴収の具体的内容もすべて法律で明確に定められるべき（課税要件法定主義）ことを要求する。

　なお84条にいう「租税」の範囲については、前述の狭い意味（固有の意味）での租税だけでなく、実質を同じくするのもにも及ぶと解される。財政法 3 条は「租税を除く外、国が国権に基いて収納する課徴金及び法律上又は事実上国の独占に属する事業における専売価格若しくは事業料金については、すべて法律又は国会の議決に基いて定めなければならない」と規定している。これが租税法律主義（84条）の要求なのか、それとも財政立憲主義（83条）の要求か、さらには憲法の要求するところではなく立法政策上の判断によって設けられたものか、学説上は争いがある。ただ名称にかかわりなく租税に準じて扱うべきにしても、広く解し過ぎるということには問題がある。

(3)　国費の支出・国の債務負担

　憲法85条は、「国費を支出し、又は国が債務を負担するには、国会の議決に基くことを必要とする」と規定している。これは83条の財政立憲主義の原則を支出面で具体化したものである。「国費の支出」とは、「国の各般の需要を充たすための現金の支払」（財政法 2 条 1 項）を意味する。支払い原因が何であるかは問題でなく、法令の規定に基づくものであれ、私法上の契約に基づくものであれ、あるいはそれ以外の原因によるものであっても、国庫に属

する金銭の支払いはすべて、ここにいう「国費の支出」にあたる。

　国費の支出に対する国会の議決は、法律の形式によらず、86条の定める予算という形式でなされる。

(4)　予算

　憲法86条は、「内閣は、毎会計年度の予算を作成し、国会に提出して、その審議を受け議決を経なければならない」と規定している。予算とは、国会の承認を得た、一会計年度（毎年 4 月 1 日に始まり、翌年 3 月31日に終わる〔財政法11条〕）における国の歳入、歳出の見積りを内容とする財政行為の準則である。歳入に関する部分はその性質上法的拘束力は有しないが、歳出に関する部分は関係国家機関の支出の準則として法的拘束力をもつ。財政法上、予算は次のように区別される。一般会計予算と特別会計予算（財政法13条）、補正予算（同29条）、暫定予算（同30条）。

(a)　予算の法的性格

　予算の法的性格については学説上次のような争いがある。①「承認説」は、予算は議会が政府に対し歳出の承認を与える手段と解する。②「法規範説」は、予算は国の財政行為の準則として国会の議決により定立される法規範であり、その点で、法律とならぶ国法の一形式であると解する。なお、この説は、予算の法規範性を認めるが、その提案権が内閣に専属し、その議決方法についても一般の法律とは異なった取り扱いが定められていることなどから、憲法は、予算を法律とは別個の国法形式としていると解するとする。③「法律説」は、予算は法規範であるのみならず、それじたい法律であると解する。「**法規範説**」が通説である。

(b)　国会の予算修正権

　政府提出の予算案に対し、国会がどの程度の修正権をもつかが問題となる。基本的には、増額、減額いずれの修正も可能であると解される。財政立憲主義の原則をとる日本国憲法の下で、このような修正権を認めないということは、その原則に矛盾することになる（国会法57条の 2 、 3 、あるいは、財政法19条は、この趣旨を前提につくられている）。しかしこの修正権についてもおのずと限界はある。予算の作成・提出権が内閣に専属するものである以上、それを無視するにひとしいような全面的修正はなし得ないと解される。

　この他に、「予備費」（憲法87条）、「皇室財産・皇室費用」（同88条）、「決算・会計検査院」（同90条）、「財政状況の報告」（91条）の各規定をおいている。87条は、予測しがたい事態により生じた、予算見積を超過した予算超過支出と新たな目的の予算外支出の必要に応ずるための予備費の制度を設けている。88条は、8条とともに、皇室財政の民主的統制を定めた規定である。90条は、国の財政行為の総まとめである**決算**は毎年会計検査院の検査を受け、国会に提出されるべきことを義務づけている。91条は、財政状況公開の原則を定めた規定である。

(5)　**公金支出の禁止**

　憲法89条は、「公金その他の公の財産は、宗教上の組織若しくは団体の使用、便益若しくは維持のため、又は公の支配に属しない慈善、教育若しくは博愛の事業に対し、これを支出し、又はその利用に供してはならない」と規定する。本条は、前段で宗教上の組織・団体への公金支出等を禁止し、後段では、公の支配に属しない慈善・教育・博愛事業に対する公金支出等についても、同様の禁止を定める。前段は、政教分離原則を財政面から裏付けたものである。それゆえ宗教団体がその他の団体と平等の扱いを受けることまで禁じたものではない。たとえば、文化財保護の目的で国が社寺に補助金を支出することはなんら問題ない。

(a)　「宗教上の組織若しくは団体」

　組織と団体を区別することは意味が無いというのが一般的である。学説としては「宗教上の組織若しくは団体」について、大別して、①「宗教上の事業ないし活動を行なう目的をもって組織されている団体」という説、②「特定の信仰を有する者による、当該宗教目的を達成するための組織体」という説とがある。最高裁判所は、**箕面忠魂碑・慰霊祭訴訟判決**（最判平5・2・16民集47巻3号1681頁）で、「憲法20条1項後段にいう『宗教団体』、憲法89条にいう『宗教上の組織若しくは団体』とは、宗教と何らかのかかわり合いのある行為を行っている組織ないし団体のすべてを意味するものではなく……特定の宗教の信仰、礼拝又は普及等の宗教的活動を行うことを本来の目的とする組織ないし団体を指すものと解するのが相当である」とし、日本遺族会を20条1項後段にいう「宗教団体」、89条にいう「宗教上の組織若しく

は団体」に該当しないとした。この判決は、②説の考えに近い。

(b)　「公の支配に属しない事業」

「公の支配」について、①「厳格に解そうとする説」と②「緩やかに解そうとする説」の2つがある。

①の説によれば、「公の支配」とは、「その事業の予算定め、その執行を監督し、さらに人事に干与するなど、その事業の根本的な方向に重大な影響を及ぼすことのできる権力を有すること」をいう。このような解釈の基礎には、89条後段の規定が、「主として私的な慈善・教育・博愛事業の自主性に対し公権力による干渉の危険を」防止しようとする趣旨であるとの理解がある。

②の説によれば、「公の支配」とは、「国または地方公共団体の一定の監督が及んでいることをもっと足りる」とする。この説の背後には、89条後段について次のような理解がある。「慈善・教育・博愛の事業については、憲法25・26条の趣旨から、公金の支出等がむしろ当然に予想されるものであり、本条後段の規定は、その場合に、財政民主主義の見地から、公の財産の乱費・乱用にならないよう『公の支配』を要求したものである」。

これに関して問題となったのが、私立学校や社会福祉法人に対する財政的援助である。①の説に立てば、私立学校、社会福祉法人に対する助成は、私立学校振興助成法12条、社会福祉法56条に定められる程度の監督権限では、「公の支配」とはいえず、これら助成は89条違反ということになりかねない。これに対し②の説に立てば、両法の程度の監督権であっても「公の支配」にあたり、違憲性の問題は生じない。

判例は、「公の支配」の程度について、「国又は地方公共団体等の公の権力が当該教育事業の運営、存立に影響を及ぼすことにより、右事業（幼児教室）が公の利益に沿わない場合にはこれを是正しうる途が確保され、公の財産が濫費されることを防止しうることをもって足り……必ずしも、当該事業の人事、予算等に公権力が直接的に関与することを要求するものではない」（東京高判平2・1・29高民集43巻1号1頁）としている。

11　地方自治

憲法92条は、「地方公共団体の組織及び運営に関する事項は、地方自治の本旨に基いて、法律でこれを定める」と規定している。本条は地方自治の基本原則を明らかにしたものであると同時に、地方自治に憲法上の根拠を与える（明治憲法には、地方自治に関する規定がなかった）ものである。

(1)　地方自治の本旨

本条にいう「地方自治の本旨」の意味については、一般的に「**住民自治**」と「**団体自治**」という2つの要素が含まれていると解される。

(i)　「住民自治」とは、「地域の住民が地域的な行政需要を自己の意思に基づき自己の責任において充足する」ことを意味する。

(ii)　「団体自治」とは、「国から独立した団体（地方公共団体等）を設け、この団体が自己の事務を自己の機関により自己の責任において処理する」ことを意味する。

なお地方自治の効用として、次のようなものをあげることができる。「①地方行政が地域の需要に応じて政策を実施し、地域の実情に合った措置をとりうる。②住民の主体性を生かした行政が実現される。③住民の行政参加を通じて地方自治が国民の政治教育の場となる」。

地方自治権の性質については、「固有権説」、「承認説」、「制度的保障説」など学説的にも分かれており、いまだ定説をみない。

(2)　地方公共団体の機関と選挙

憲法93条1項は、「地方公共団体には、法律の定めるところにより、その議事機関として議会を設置する」と定め、さらに同2項で「地方公共団体の長、その議会の議員及び法律の定めるその他の吏員は、その地方公共団体の住民が、直接これを選挙する」と規定する。

本条は、地方公共団体の組織について、第1に「住民の直接公選による議員によって構成された議会を議事機関として設置すること」、第2に「執行機関である地方公共団体の長および法律の定めるその他の吏員は、住民の直接選挙で選ばれること」という2つの要件を備えることを要求している。

(3)　地方公共団体の権能

(a)　地方公共団体の事務

憲法94条は、「地方公共団体は、その財産を管理し、事務を処理し、及び行政を執行する権能を有し、法律の範囲内で条例を制定することができる」と定めている。これは、団体自治の理念に基づき、具体的に地方公共団体の自治的権能を列挙（財産の管理、事務の処理、行政の執行、条例の制定）したものである。ただここにいう「財産の管理」、「事務の処理」、「行政の執行」は、地方公共団体の行う自治行政の内容を一般的にあげたものであり、具体的事務区分は地方自治法に則して行われることになる。

（b）　自治事務と法定受託事務

1999年の改正前の地方自治法は、地方公共団体のうち行政的権能の関わる事務について、「固有事務」、「団体委任事務」、「行政事務」の3種類をあげていた（旧2条2項）が、一般的には、それら3つの事務を統一的に把握した「自治事務」と「機関委任事務」との区別が重視されてきた。その中でも法令により地方公共団体の長などの機関に委任された「機関委任事務」は、受注者である機関を法的に委任した政府の下級機関として位置づける制度であった。しかもこの制度は、地方公共団体の事務の多くを占め、自治事務を圧迫しまた赤字財政の原因となり、委任を受けた機関がその事務の管理・執行について国の厳しい指揮監督を受けるなど、多くの問題が指摘されていた。その結果、1999年の地方自治法の改正により、「機関委任事務」は廃止され、地方公共団体の事務は**自治事務**と**法定受託事務**に区分（地自2条8項、9項）された。

（i）　自治事務

地方自治法2条8項は、「……『自治事務』とは、地方公共団体が処理する事務のうち、法定受託事務以外のものをいう」と定めている。自治事務には、①従来の「固有事務」にあたる地方公共団体の存立目的である事務、②従来の「団体委任事務」にあたる国または他の公共団体の事務が委任されたもの、③従来の行政事務にあたる地方公共利益に対する侵害を防止または排除するため公権力の行使をともなう事務、④従来の「機関委任事務」から移行したもの、がある。

（ii）　法定受託事務

法定受託事務には次の2種類がある。①「法律又はこれに基づく政令によ

り都道府県、市町村又は特別区が処理することとされる事務のうち、国が本来果たすべき役割に係るものであつて、国においてその適正な処理を特に確保する必要があるものとして法律又はこれに基づく政令に特に定めるもの（第1号法定受託事務）」（地自2条9項1号）、②「法律又はこれに基づく政令により市町村又は特別区が処理することとされる事務のうち、都道府県が本来果たすべき役割に係るものであつて、都道府県においてその適正な処理を特に確保する必要があるものとして法律又はこれに基づく政令に特に定めるもの（第2号法定受託事務）」（地自2条9項2号）。

「法定受託事務」は、従来の「団体委任事務」や「機関委任事務」が国の事務とされていたのと異なり、地方公共団体の事務である。

　(c)　条例制定権

憲法94条は、地方公共団体は、「法律の範囲内で条例を制定することができる」と規定している。ここにいう条例が何を指すかについては、学説上、争いがあるが、いずれにしても重要なのは、議会が地方自治法2条2項の事務（自治事務）について制定する（地方自治法14・96条）法規としての条例である。条例は地方公共団体の自治権に基づく自主立法権であるから、地方公共団体は、法律に反しない限り、自己の事務について自主的に条例を制定することができる。

　(d)　条例制定権の範囲と限界

条例は地方公共団体の自主立法であるから、自治事務に関するものであれば、住民の基本的人権に制約を課することも可能である。このことは、基本的人権の保障を専らとする憲法との関係で、問題を生ずることがある。

　(i)　条例制定権と平等原則

条例は、それぞれの地方の事情を考慮して制定されるだけに、場合によっては各地方公共団体でその内容が異なることも生ずる。特に人権の制約につながる処罰が地域的に差異がある場合、憲法14条の平等原則に反しないかが問題となる。

これについて最高裁判所は、**東京都売春等取締役条例事件訴訟判決**（最大判昭33・10・15刑集12巻14号3305頁）で、「憲法が各地方公共団体の条例制定権を認める以上、地域によって差別を生ずることは当然に予期されることで

あるから、かかる差別は憲法みずから容認するところであると解すべきである。それ故、地方公共団体が売春の取締について格別に条例を制定する結果、その取扱に差別を生ずることがあっても、所論のように地域差の故をもって違憲ということはできない」と判示している。

　(ii)　**憲法の法律留保(憲法が法律によって定めるべきとしている)事項と条例**

　憲法上、その規制について法律によることが明示されている事項について、条例による規制が許されるのかという問題である。

　①　**財産権の規制**

　憲法29条 2 項は、「財産権の内容は、公共の福祉に適合するやうに、法律でこれを定める」と規定している。条例による財産権の規制が許されるかである。これに対しては、「条例は地方公共団体の議会において民主的な手続きにより制定される準法律的性格を有するものであること」、「財産権は公共の福祉による制約を予定された経済的自由であること」等から、条例による財産権の制約は認められるというのが通説である。

　②　**罰則の規定**

　憲法31条は罪刑法定主義を定め、また73条 6 号但書では罰則の包括的委任を禁止している。これに対し、地方自治法14条 3 項は、法令に特別の定めがあものを除き、条例に「 2 年以下の懲役若くは、禁錮百万円以下の罰金、拘留、科料若しくは没収の刑又は五万円以下の過料を科する旨の規定を設けることができる」と定めている。ここに、条例のその違反に対する制裁として罰則を設けることができるかの問題が生ずる。これについて最高裁判所は、**大阪市条例違反事件訴訟判決**（最大判昭37・5・3 刑集16巻 5 号577頁）で、「憲法31条はかならずしも刑罰がすべて法律そのもので定められなければならないとするものでなく、法律の授権によってそれ以下の法令によって定められることもできると解すべきで、このことは憲法73条 6 号但書によっても明らかである。ただ、法律の授権が不特定な一般的の白紙委任的なものであってはならないことは、いうまでもない」とし、続けて「条例は、法律以下の法令といっても、……公選の議員をもって組織する地方公共団体の議会の議決を経て制定される自治立法であって、行政府の制定する命令等とは性質を異にし、むしろ国民の公選した議員をもって組織する国会の議決を経て

制定される法律に類するものであるから、条例によって刑罰を定める場合には、法律の授権が相当に具体的であり、限定されておればたりると解するのが正当である」と判示している。

③ **課税権**

憲法30条、84条は租税法律主義を定めている。これに対し、地方自治法223条は、「普通地方公共団体は、法律の定めるところにより、地方税を賦課徴収することができる」と定め、これを受けて地方税法は、2条で「地方団体は、この法律の定めるところによって、地方税を賦課徴収することができる」とし、さらに同3条1項で「地方団体は、その地方税の税目、課税客体、課税標準、税率その他賦課徴収について定をするには、当該地方団体の条例によらなければならない」と定めている。地方税について、法律ではなく条例で定めるのは、租税法律主義に反しないかの問題が生ずる。これについては、学説的には多少の相違があるが、「租税法律主義は行政権による専断的な課税を防止するところにあるのであるから、民主的な手続によって制定された条例は『法律』に準ずるものと解してよい」という理由等で、租税法律主義に反しないという一般的な合意をみている。

④ **特別法の住民投票**

憲法95条は、「一の地方公共団体のみに適用される特別法は、法律の定めるところにより、その地方公共団体の住民の投票においてその過半数の同意を得なければ、国会は、これを制定することができない」と規定している。これは憲法41条の「国会単独立法の原則」の例外であり、特定の地方公共団体の組織・運営・権能について法律を制定する場合には、当該地方公共団体の住民の同意を得ることを法律成立の要件としたものである。この制度は、国の特別法による地方自治権の侵害を防止しようとするものであり、憲法の定める例外的な直接民主制の1つである。

なお地方自治特別法の例としては、広島平和記念都市建設法（昭和24年）、長崎国際文化都市建設法（昭和24年）、奈良国際文化観光都市建設法（昭和25年）、軽井沢国際親善文化観光都市建設法（昭和26年）等がある。

12　憲法改正

(1)　憲法の安定性と可変性

憲法は政治的な法といわれ、制定当時の政治状況、社会状況がそこに反映されている。また当然ですが、憲法は国の統治の基本を定める法ですから、憲法正文に規定されている内容はその通り実現されなければならない（**憲法の安定性の要求**）。しかしながら憲法を基礎づける政治・社会状況は、時間の進行とともに変化するものであり、それだけに憲法をめぐる現実と憲法正文の意味との間の乖離は、往々にして起こり得ることである。そのため憲法は、このような事態に応じて自らの変化を求められることになる（**憲法の可変性**）。

憲法の負う宿命ともいうべき、安定性と可変性という相矛盾する要請に応えるため、日本国憲法は、本来の憲法のもつ意味（規範性）を維持するために、憲法の最高法規性の保障（98条）、公務員の憲法尊重擁護義務（99条）を定めるとともに、他方で、憲法をめぐる現実の変化に対応するために、憲法改正規定（96条）を設けている。

(2)　憲法改正の定義と手続

(a)　憲法改正の定義

憲法改正とは、憲法に定められた手続に従い、憲法典の中の各条項について削除・修正・追加を行うことにより、または新しい条項を憲法典に増補することにより、意図的・形式的に憲法の変更を行うことをいう。このように、既存の憲法典に対し修正・増補するといった形（**部分改正**）をとるのが一般的である。

これに対し、既存の憲法典を全面的に書き改める（**全面改正**）といった場合も想定される。ただ全面改正であっても、憲法の実質的法的連続性が維持されるのであれば、憲法改正の定義の内に含めてよいのではないかという考えもある。

(b)　憲法改正手続

日本国憲法は**硬性憲法**であり、通常の立法手続に比較し、憲法改正に際してはより加重された手続要件を定めている。

憲法96条1項前段は、「この憲法の改正は、各議院の総議員の三分の二以

上の賛成で、国会が、これを発議し、国民に提案してその承認を経なければ
ならない」と定め、憲法改正について、**国会による発議と国民への提案、国
民の承認**、さらに第2項で、**天皇の公布**、という3段階の手続を定めてい
る。

(i)　国会による発議と国民への提案

発議とは、国民投票に附される憲法改正案を国会が決定することである。
すなわち、ここでの言葉の用法は、通常のそれ（例えば、国会法56条1項「議
員が議案を発議するには……」とある）のような「原案の提出」を意味するの
とは異なり、議決が含まれている。すなわち、発議されるものの原案（憲法
改正案）を国会に提出することではなく、国民に提案すべき改正案を国会が
決定することである。発議には、「各議院の総議員の三分の二以上の賛成」
を必要とする。ここでは**衆議院の優越**は認められていない。ここでいう**総議
員**に関しては、「法定議員数」あるいは「現在議員数」かの問題はあるが、
各議院の判断に委ねられていると解すべきである。

発議にいたるまでの手続としては、**発案、審議、議決**という3段階をへな
ければならない。ただ憲法には、発案権や審議の方法、国民に対する提案方
法についての記述がない。

①　**発案**（議案の提出）

憲法改正を発議するためには、改正案が国会に提出されなければならな
い。各議員が発案権を有することは、国会法68条の2により明らかである。
問題は内閣に憲法改正の発案権があるかである。学説的には、「肯定」、「否
定」の2説がある。否定説は、法律案の発案権は認めるものの、憲法改正に
ついては、「憲法改正ははるかに強度な国民の意思の発現であるべきで（国
民投票が要求させているのはその現われ）、その発案権も国民に直結する国会
議員に留保されるべき」とする。有力説は、「内閣に発案権を認めるのを違
憲とまで断ずるべきかは疑問であるが、議論の筋道として」、上記の否定説
が説得力をもつとしている。

現行の法制について見るならば、2007年5月に「**国民投票法（日本国憲法
の改正手続に関する法律）**」が制定され、それとの関連で改正された国会法68
条の2は、「憲法改正原案」の発議（ここでの意味は、議案の提出です）につ

いて次のように定めている。「**議員が日本国憲法の改正案の原案を発議**するには、……衆議院においては議員百人以上、参議院においては議員五十人以上の賛成を必要とする」（なお通常の議案の発議〔提出〕は「衆議院においては議員二十人以上、参議院においては議員十人以上の賛成を要する〔国会法56条〕）と。さらに、国会法102条の7は、**憲法審査会**にも、「憲法改正原案」の提出権を認めている。いずれの場合においても、「憲法改正案」の発議（議案の提出）について、改正箇所が複数ある場合には、「内容において関連する事項ごとに区分して行う」（国会法68条の3、102条の7第1項）ものとされる（**区分発議あるいは個別発議の原則**）。

② **審議**

憲法改正の審議手続については、憲法・国会法に特別の規定がないため、定足数については法律の場合（各院とも総議員の3分の1以上の出席）に準じて行うことができると解される。なお、有力説は、定足数について、慎重な審議を要する案件であることから総議員の3分の2以上の出席が望ましいとしている。そのほかに、前述の「国民投票法」の制定に伴い国会法が改正され、第6章の2「日本国憲法の改正の発議」、第11章の2「憲法審査会」、86条の2「憲法改正原案に関する両院協議会」が追加された。

審議に際し、両議院において憲法改正原案を修正することは自由であるが、修正の動議を議題とする場合、「衆議院においては議員百人以上、参議院においては議員五十人以上の賛成を要する（国会法68条の4）」（なお通常の議案の修正動議を議題とする場合、「衆議院においては議員二十人以上、参議院においては議員十人以上の賛成を要する〔国会法57条〕」）と定めている。

③ **議決**

議決については、衆議院・参議院とも「総議員」の3分の2以上の賛成を必要とする（憲法96条）。ここでいう「総議員」の意味については、法定議員数とするものと現在議員数（法定議員数から欠員を引いた数）の2説があるが、現在議員数が妥当と解される。

上記の手続により、「憲法改正原案について国会において最後の可決があつた場合には、その可決をもつて、国会が日本国憲法第九十六条第一項に定める日本国憲法の改正の発議をし、国民に提案したものと」する（国会法68

条の5）。

(ii)　国民の承認

　憲法改正は、**国民の承認**を経てはじめて成立する（憲法96条前段）。この承認は、「特別の国民投票又は国会の定める選挙の際行はれる投票」（96条後段）によって行われる。

　国民投票の具体的手続に関しては、前述の国民投票法および国会法に定められている。それによれば、国民投票は、「国会が憲法改正を発議した日から起算して六十日以後百八十日以内において、国会の議決した期日に行う」（国民投票法2条1項）と定めている。また憲法改正の発議があったときは、それについての「国民に対する広報に関する事務を行うため、……国民投票広報協議会」が設けられる（国会法102条の11、国民投票法11条以下）。

　前述したように、憲法改正原案の発議は「内容において関連する事項ごとに区分して行う」（国会法68条の3）ことになっており、国民投票も、区分された案件について個別的に行うことになる。国民投票の**投票権**については、**日本国民で年齢満十八年以上の者**（国民投票法3条）としている。**憲法改正の承認**については、憲法改正の「承認には、……投票において、その過半数の賛成を必要とする」（憲法96条1項後段）と定めているが、これを受けて国民投票法126条1項は、「国民投票において、憲法改正案に対する賛成の投票の数が第98条第2項に規定する**投票総数の二分の一を超えた場合**は……日本国憲法第九十六条第一項の国民の承認があったものとする」と定めている。なお前述の国民投票法98条2項の定める「投票総数」とは「憲法改正案に対する賛成の投票の数及び反対の投票の数を合計した数（白票・無効票は除く）」をいう。

(iii)　天皇の公布

　憲法96条2項は、国民の承認が得られたとき、「天皇は、国民の名で、この憲法と一体を成すものとして、直ちにこれを公布する」と定めている。憲法改正は、国民の承認が得られた時点で確定する。ただ憲法は、憲法に定められた手続により憲法改正が成立したことを国民に公示するために、天皇による「公布」を定めている。国事行為である「公布」は、形式的・儀礼的行為である。「国民の名で」公布するとは、この改正が憲法改正権者である国

民の意思に基づくものであることを明示する趣旨と解される。

　「この憲法と一体を成すものとして」の規定の趣旨については、憲法の部分改正を想定したものであって、「全面改正」は含まれないという考え方もある。しかしこれについては、「改正条項が『日本国憲法と同じ基本原理のうえにたち、同じ形式的効力をもつもの』であることを示す」と解すべきであるとする説もある。この立場に立てば、**全面改正**も「憲法改正権の限界を逸脱するものでない限り」可能であると考えられる。

第3章　民法の世界

第1節　基本ルール

1　民法の意味

　民法は、我々の日常生活を規律の対象とする法であり、私法の一般法である。「民法」という言葉は、二つの意味に理解され、使用される。一つは実質的意味の民法であり、二つ目は形式的意味の民法である。前者は、我々の日常の生活、個人が財産を取得したり、売買したり、男女が結婚したり、人が死亡して相続が開始するなどの生活関係を規律の対象とする法のことである。後者は、成文の民法典を指す。日本の民法典（民法と称する法典）は、明治29年（第1編総則、第2編物権、第3編債権）及び明治31年（第4編親族、第5編相続）に公布され、明治31年から施行されている。この民法典の成立以前、明治23年にフランス人ボアソナードを中心にして作られた民法典（いわゆる旧民法、ボアソナード民法と呼ばれる）が公布されたが、人事編（家族法）に対して日本の実情にそぐわないと、非難が集中し、施行が無期延期になった。

　民法の法源としては、民法典以外に、民事特別法（戸籍法・不動産登記法・借地借家法・利息制限法等）や不文法としての慣習法や判例法が存在する。

2　民法の基本原則

　フランス革命やアメリカ独立などにより、中世封建社会から近代市民社会へと社会体制が移行し、それに応じてフランス民法やドイツ民法が成立し始める近代法の世界が登場した。近代市民社会では、人は、独立・平等・自由な存在として尊重され、封建的身分制度を否定し、自由な経済活動が保障されることになる。したがって、私有財産を認め、人は生まれながらにして皆平等であることを認めることが大前提とされた（**権利能力平等の原則―基本的人権の尊重**）。そこで自由な市民社会を規律の対象とする民法は、次の三つの原則を基本として成り立つことになった。

(1) 財産権尊重の原則

　人の財産に対する権利・財産権を認め、その権利は、国家といえども侵害してはならないとする原則である（憲法29条参照）。

(2) 契約自由の原則

　人は自分の自由意思に基づいてのみ（たとえば契約により）拘束され、権利義務を取得しうるとする原則である。**私的自治の原則や法律行為自由の原則**とも呼ばれている。

(3) 自己責任の原則

　人は自分の行為についてのみ責任を持ち、他人の行為によって責任を負わされたり、損害を賠償する義務を負うことはないとする原則である。すなわち「故意又は過失によって他人の権利又は法律上保護される利益を侵害した者は、これによって生じた損害を賠償する責任を負う」（民法709条）のであって、**過失責任の原則**ともいわれる。

3 日本の民法

　近代市民社会の民法の原理・原則が、明治31年施行の民法に貫徹されていたかというと必ずしもそうではなかった。特に家族法（親族法・相続法）の分野においては、男女の平等や個人の尊厳という民法の原理に反する法規範の存在が顕著であった。また、社会の変化・発展に伴ない経済的強者と弱者が生ずるようになると民法の原則をそのまま適用することは妥当な結果をもたらさないようになってきた。資本主義社会の高度の発達に対し経済的自由をそのまま認めていくと、経済的弱者が非常に不利益な状態に置かれ、社会的な対立が激化されるようになり、人々の幸福な生活が望めなくなるため、民法の基本原則を修正して、社会生活上の問題を解決しようとするようになった。すなわち、昭和22年に民法の大改正がなされ、「**公共福祉の原則、信義誠実の原則、権利濫用禁止の原則**（民法１条）、**個人の尊厳・男女平等の原則**（民法２条）」が明文化され、第４編親族、第５編相続については個人の尊厳・男女平等の原則のもと大改正された。また特別法の分野においても各種の規制が行なわれ、さらに社会法（労働法や経済法）において経済的不平等の是正や基本的人権の尊重が図られることになった。

第2節　総　則

1　総則の内容

民法第1編「総則」は、民法全体の通則、共通のルールを定めている。民法は権利を強調して体系化されているので、総則は、権利の主体、権利の客体、権利の変動の順に規定されている。

2　権利能力者——人（権利の主体）

⑴　権利能力とは

権利の主体とは、民法上（私法上）権利を得たり義務を負うことのできるもののことであり、権利能力者ともいう。**権利能力**とは、権利を得たり義務を負うことのできる資格（地位）のことで、その資格を有するものを「人」という。

⑵　人とは

民法上、人とは、「**自然人**」及び「**法人**」の両者をいい、法律関係の当事者（売買契約の売主や買主等）になるためには人でなければならないとされる。

自然人とは、人間のことであり、すべての人間は平等に権利能力が認められている（**権利能力平等の原則**）。人間はすべて権利の主体であるとされ、けっして権利の客体（たとえば奴隷）にはならないのである。すべての自然人は出生と同時に権利能力を取得し（民法3条1項、権利能力の始期）、死亡（権利能力の終期）により消滅する。

すべての人間は権利能力を有するが、それだけで日常生活を過ごせることにはならない。具体的に権利を得たり義務を負うためには、一定の行動（契約を結んだり、結婚）をするための精神的判断能力が必要とされる。民法は、その判断能力（事理を弁識する能力）のない者・不十分な者を保護するために、行為能力を制限している（制限行為能力者という）。特に判断能力のおとろえた高齢者の生活の安全の確保や自己決定権・人格の尊重をも目的として、平成11年の民法改正により成年後見制度がつくられた。未成年者（民法4条）、成年被後見人（民法8条）、被保佐人（民法12条）、被補助人（民法

16条）を制限行為能力者とし、保護者をつけてその財産等を保護しようとしている（なお、任意後見契約に関する法律参照）。制限行為能力者のなした法律行為は取り消すことができる場合があり、取り消されると初めから無効なものとみなされる（民法121条）。

　法人とは、自然人以外で権利能力が認められる存在で、人の集団（社団）や財産（財団）に権利能力が認められたものをいう。社団に権利能力（法人格）を認めたものを社団法人といい、財団に権利能力（法人格）を認めたものを財団法人という。法人は、民法その他の法律によって成立する（民法33条、なお、一般社団法人及び一般財団法人に関する法律、公益社団法人及び公益財団法人の認定等に関する法律参照）。

　法人は自然人と同様に権利能力は認められるものの、法人の性質や目的によって制限をうける。法人は自然人のような肉体を前提とせず、組織体であるので、生命権や親族権・相続権をもつことができず、法律の規定に従い、定款その他の基本的約款で定められた目的の範囲内において権利を有し義務を負う（民法34条）のである。法人の活動は、理事によってなされるが、社団法人においては社員総会が最高意思決定機関となる。法人は解散することにより権利能力を失う。但し、自然人とは異なり、清算が終了するまで清算法人として権利能力は存続する。

3　物──権利の客体

(1)　物とは

　総則で扱われる権利の客体は物であるが、そのほかに、債務者の行為（給付）、人格的利益等権利の種類（物権・債権・親族権・人格権等）により異なる。民法上、物とは有体物をいう（民法85条）。精神的創作物などの無体物については著作権法や特許法等（知的財産権法）の対象とされる。有体物とは固体・液体・気体であるが、民法上は財産的価値のある管理・支配可能なものと解されている。

(2)　不動産と動産

　民法上、物を、不動産と動産（民法86条）・主物と従物（民法87条）・元物と天然果実・法定果実（民法88条）とに区別しているが、最も重要な区別

は、不動産と動産である。

　不動産とは、土地及びその定着物をいい、動産とは不動産以外の物をいう。この区別の重要な点は公示方法の違いにある。不動産の上に成立する権利を公示する方法を登記とし、動産については占有としている。土地や建物の登記は不動産登記法により電磁的記録で行なわれる。登記がなされると第三者に対する対抗力を生ずる（民法177条）。

4　法律行為——権利の変動

(1)　法律行為とは

　人の日常生活において、権利を取得したり、失ったりすることがあるが、これを権利の変動（発生・変更・消滅）という。権利変動の原因（法律要件という）となる代表的なものを法律行為といい、遺言（単独行為）・売買（契約）・定款作成（合同行為）がその例である。法律行為は意思表示を構成要素とし、意思表示にしたがって法律効果の発生を目的とする適法な行為である。法律行為がなされると権利変動が生ずることになる。

(2)　法律行為の要件

　法律行為が権利変動を生じさせるためには、成立要件・効力要件を満すことが必要である。一般的成立要件として、当事者の存在、目的の存在、意思表示の存在があげられ、一般的効力要件としては、当事者について、能力（意思能力・行為能力）を有すること、目的について、可能・確定・適法・社会的妥当性を有すること、意思表示について、意思と表示が不一致でないこと及び瑕疵ある意思表示でないことがあげられる。

　法律行為の目的について要件を欠くときはその法律行為は無効とされる。特に社会的妥当性を欠くときは、**公序良俗**に反するものとされ無効となり（民法90条）、不法原因給付にもなる（民法708条）。

　意思と表示が一致していれば、意思表示どおりの効果が生ずるが、一致しないときは、無効になることがある。意思と表示が一致しない場合とは、心裡留保（表意者が意思と表示が一致していないことを知りながらする意思表示、民法93条）、通謀虚偽表示（表意者が相手方と通謀したうその意思表示、民法94条）、錯誤（表意者が意思と表示が一致していないことを知らずになす意思表示、

民法95条）のことである。通謀虚偽表示の無効は**善意の第三者**に対抗できない（94条2項）。

　瑕疵ある意思表示とは、詐欺や強迫による意思表示のことである。詐欺によってなされた意思表示や強迫によってなされた意思表示は取り消すことができる（民法96条）。ただし、詐欺による意思表示の取消しは善意の第三者に対抗することができない。善意の第三者とは、詐欺による意思表示であることを知らずに、取消し前にその法律関係に登場した者（基本的には、**第三者**とは当事者及びその包括継承人以外の者を言うが、ここではさらに縮小されて理解されている）をいう。

　代理とは、本人が代理人によって相手方と取引することをいう。したがって、代理には、本人と代理人、代理人と相手方、相手方と本人、という三面関係が成り立つ。代理は経済活動を広くするためのもの、私的自治の拡張という面と制限行為能力者の活動を補うためのもの、私的自治の補充という面があり、前者には任意代理が、後者には法定代理が該当する。代理は、代理権に基づき本人のためになされ、その効果が直接本人に帰属するものである（民法99条）。

　代理権がないにもかかわらずなされた代理行為を無権代理という。無権代理のうち、本人と無権代理人との間に一定の関係がある場合を**表見代理**といい、代理権授与表示による表見代理（民法109条）、代理権限外の行為による表見代理（民法110条）、代理権消滅後の表見代理（民法112条）の3種がある。表見代理が成立すると有権代理と同じように本人に責任が生ずる。表見代理が成立せず無権代理がなされたときは本人として責任を負う必要はなく、無権代理人自身が責任を負うことになる（民法113条・117条）。

5　時効——権利の変動

(1)　時効制度

　法律行為以外にも権利変動は生ずる。人の生死や時の経過など事件と呼ばれる場合である。総則では時効（時の経過）について規定している。時効とは、時の経過により、権利が消滅したり発生したりすることをいう。権利を失う場合を消滅時効という。権利を得る場合を取得時効という。

⑵　**取得時効**

　10年間または20年間所有の意思をもって占有すると所有権を原始的に取得する（民法162条）。平穏かつ公然に善意・無過失で占有すると10年間で、悪意・有過失で占有すると20年間で時効は完成する。

⑶　**消滅時効**

　一定期間権利行使をしないと権利が消滅することを消滅時効という。債権は、債権者が権利を行使することができることを知ったときから5年間、または権利を行使することができる時から10年間行使しないときは時効となる（民法166条）。所有権は消滅時効の対象とはならない。

第3節　物　　　権

1　物権の特色

⑴　**物権とは**

　物権とは、ある人がある物を直接・排他的に支配できる権利であり、民法その他の法律によって定められている権利である（**物権法定主義**、民法175条）。物権には優先的効力が認められており、相容れない物権の間では先に成立したものが優先し、物権と債権との間では物権が優先する。また、物権が侵害された場合には、回復のための**物権的請求権**──妨害排除請求権・妨害予防請求権・目的物返還請求権（民法198条、199条、200条参考）が認められている。

⑵　**民法上の物権**

　物権法定主義により、民法上10種の物権が存在するが、慣習法上・判例法上の物権（流水利用権・温泉専用権・譲渡担保権等）も認められている。10種の物権とは、占有権、所有権、用益物権（他人の土地を利用する物権）として地上権・永小作権・地役権・入会権、担保物権（債権担保の手段として交換価値に着目する、保証人のような人的担保に対し物的担保といわれる）として、留置権・先取特権（法定担保物権）、質権・抵当権（約定担保物権）である。現代社会において特に重要な役割をはたしているのは**所有権**と**抵当権**である。

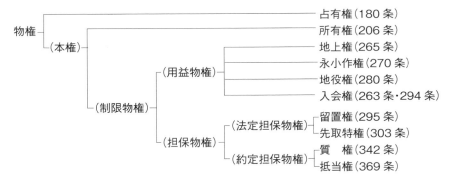

2 物権の種類

(1) 占有権

　自己のためにする意思をもって物を所持することを占有といい、その事実から占有権が発生する（民法180条）。一次的な事実状態を保護するために認められた権利であって、そこから多くの効力が生ずるが即時取得の制度（民法192条）が重要である。不動産の登記には公信力は認められていないが、動産の占有には**公信力**が認められている。

(2) 所有権

　物権のなかで、最も典型的な物権である。所有権は、自由に所有物の使用、収益、処分をなすことのできる権利である（民法206条）。土地の所有権は土地の上下に及ぶが（民法207条）、第三者にその権利を主張するには、対抗要件、登記を備えることが必要である（民法177条）。土地や建物に関する権利については登記の有無が重要な問題となるので、**不動産登記法**についても注意しなければならない。

(3) 用益物権

　地上権は、他人の土地において工作物（他人の土地に家を建てる）や竹木を所有するためにその土地を利用することができる権利である（民法265条）。地上のみならず、空中・地下を利用することもできる（民法269条の2）。

　永小作権とは、小作料を払って他人の土地を耕作または牧畜に利用することのできる権利である（民法270条）。

地役権とは、他人の土地を自己の土地の利益のために利用できる権利であり、他人の土地を通行するためにあるいは水を引くために利用する（民法280条）。

入会権とは、他人所有の山林原野等において雑草・雑木を共同で利用することのできる権利で、その詳しい内容は慣習によって決められる。共有の性質を有する入会権（民法263条）と共有の性質を有しない入会権（民法294条）とが存在する。

(4)　担保物権

留置権とは、他人の物の占有者がその物について生じた債権を有するときはその債権の弁済を受けるまでその物を留置することができる権利をいう（民法295条）。

先取特権とは、債務者の財産について他の債権者に優先して自己の債権の弁済を受けることのできる権利をいう（民法303条）。

質権とは、質権者がその債権の担保として債務者または第三者より受取った物を占有しかつその物について他の債権者に優先して自己の債権の弁済を受けることのできる権利をいう（民法342条）。

抵当権とは、抵当権者が、債務者または第三者の占有を移さずして債務の担保として提供された不動産について、他の債権者に優先して自己の債権の弁済を受けることのできる権利をいう（民法369条）。抵当権は、担保の目的物の占有を移転せず、その物の利用を担保物提供者がなしうる点で質権と異なる。抵当権の対象は不動産であるが、特別法においては、各種のものがその対象とされている。立木（立木法2条）、採掘権（鉱業法13条）や工場の施設（工場抵当法）等である。さらに、民法が規定する以外の担保権も判例により認められている。非典型担保と呼ばれ、譲渡担保・所有権留保等がそれである。根抵当（民法398条の2）や仮登記担保（仮登記担保契約に関する法律）は後に立法化された担保権である。判例では、債権者の一方的に有利な立場を是正し、できうるかぎり債権者債務者間が公平になるよう解釈されている。

第4節　債　　権

1　債権の特色

　債権とは、特定の人が特定の人に対して一定の行為をさせることができる権利をいう。債権者が債務者に対して一定の給付を請求することができる権利である。債権は、物権のような直接排他的支配権ではなく、一定の行為を請求する相対的・対人権である。債権者間には権利の成立の前後による優劣関係はなく、平等である（**債権者平等の原則**）。

　債権と物権とが衝突すると、原則として物権が優先することになるが、債権のすべてが物権に劣位するわけではない。登記された不動産の賃借権は物権に対抗することができる（民法605条）。いわゆる **「賃借権の物権化」** である。賃借権の民法上の登記は地主の協力がないと出来ないので、借地借家法において、登記がなくても対応できる場合が認められている（借地借家法10条・31条）。

2　債権の効力

　債権は、債務者が任意に履行すると消滅することになるが、任意に履行しないときはその目的を達成させるために、履行の強制や損害賠償の請求、債務者の財産の保全等がなしうるようになっている。

　債務者が任意に債務の履行をしないときは債権者はその強制履行を裁判所に請求することができる（民法414条）。

　債務者がその債務の本旨に従った履行をしないときは債権者はその損害の賠償を請求することができる（民法415条）。いわゆる債務不履行による損害賠償の請求である。**債務不履行** には、三つの場合がある。債務者が履行期に正当な理由なしに履行しない場合—履行遅滞、債務者の責任により履行することが不可能になった場合—履行不能、履行はされたが、その内容が不完全であった場合—不完全履行である。

　債権者は、自己の債権を保全するためにその債務者に属する権利を行なうことができ（民法423条—債権者代位権）、また、債務者が債権者を害することを知ってした法律行為の取消しを裁判所に請求することができる（民法424

条—詐害行為取消権)。

3　多数当事者の債権

(1)　複数の当事者

　債権関係は当事者である債権者と債務者の法律関係であるが、必ずしも個人と個人との関係に止まらず、当事者が複数存在することもありうる。複数の債権者や債務者がいる場合、民法は原則として平等の割合を以て権利を有し義務を負うとした（民法427条—分割債権債務関係)。債権の目的がその性質上または特約により不可分な場合に数人の債権者があるときは、各債権者は総債権者のために履行を請求し、または受領することができる（民法428条—不可分債権)。数人が不可分債務を負担する場合は連帯債務の規定が準用される（民法430条—不可分債務)。

(2)　連帯債権、連帯債務及び保証債務

　連帯債権とは、数人の債権者が同一内容の債権を有し、債権の目的が性質上可分である場合に、各債権者はすべての債権者のために債務者に対し履行を請求することができ、債務者はすべての債権者のために各債権者に対して履行することができる債権をいう（民法432条)。

　連帯債務とは、数人の債権者が同一内容の債務を負い、数人のうちのだれかが債務を履行すると全員の債務が消滅するという関係をいい（民法436条)、保証債務とは、主たる債務者がその債務を履行しない場合に、主たる債務者に代って履行しなければならない債務のことをいう（民法446条)。連帯保証にあっては、保証人の抗弁権（催告の抗弁権—民法452条、検索の抗弁権—民法453条）を有しない（民法454条)。

4　債権の譲渡と消滅

(1)　債権の譲渡

　債権は譲渡することができる（民法466条)。債権の譲渡は、譲渡人が債務者に通知をし、または債務者がその承諾をしなければ、債務者その他の第三者に対抗することができない（民法467条)。

(2) 債権の消滅

債権は弁済によって消滅する。債務の本旨にしたがって履行すれば弁済したことになる。このほか、代物弁済（民法482条—債務者が債権者との契約により本来の給付に代えて他の給付をなすこと）、供託（民法494条—債権者が弁済の受領を拒んでいるような場合に、債務者は弁済の目的物を供託することによって債務を免れることができる）、相殺（民法505条—二人互いに同種の目的を有する債務を負担する場合、双方の債務が弁済期にあるときは、その対当額につき現実の履行をなさずに消滅させること）、更改（民法513条—当事者が給付の内容、債権者が債務者を変更する契約をすることによって前の債務を消滅させること）、免除（民法519条—債権者が債務者に対して意思表示により債権を消滅させること）、混同（民法520条—債権と債務が同一人に帰属した場合に債権が消滅すること）により債権は消滅する。

5 債権の発生原因

民法は、契約・事務管理・不当利得・不法行為の四つを債権の発生原因として規定している。

(1) 契約とは

契約は、申込みと承諾という意思表示の合致により成立するものであるが、債権発生の最も重要な原因である。13種の契約が明文化されているが、現代社会において13種のすべてが生きているわけではない。さらに13種の契約（典型契約）以外の契約（非典型契約）が多く結ばれており（契約自由の原則）、新しい契約に対応する必要にせまられている（平成12年に消費者契約法が制定された）。

契約が成立すると、その一般的効力として同時履行の抗弁権（民法533条）や危険負担（民法536条）の問題が登場するほか、個々の契約によりその固有の効果が生ずる（たとえば、売買契約における売主・買主の権利義務等）。

13種の契約とは、贈与（民法549条—当事者の一方が自己の財産を無償にて相手方に与える契約）、売買（民法555条—当事者の一方が財産権を移転し相手方が代金を支払う契約）、交換（民法586条）、消費貸借（民法587条）、使用貸借（民法593条）、賃貸借（民法601条—賃貸人が賃借人に対しある物の使用・収益をさ

せ、その対価として賃料を受けとる契約)、雇用（民法623条)、請負（民法632条)、委任（民法643条)、寄託（民法657条)、組合（民法667条)、終身定期金（民法689条)、和解（民法695条)である。

(2)　事務管理とは

事務管理とは、義務なくして他人のために事務の管理をすることであり（民法697条)、それ故に債権債務関係が生じ、事務の管理に要した費用等の償還がなされることになる。

(3)　不当利得とは

不当利得とは、法律上の原因なくして他人の財産または労務により利益を受けた場合にその利益を損失者に返還させる制度であり（民法703条)、両当事者の公平を実現させるものである。

(4)　不法行為とは

不法行為とは、故意または過失によって他人の権利または法律上保護される利益を侵害した場合、その損害を賠償させる制度である（民法709条)。不法行為が成立するためには、故意または過失の存在（過失責任主義)、権利侵害（違法性)、損害の発生、加害行為と損害発生につき因果関係の存在、加害者の責任能力（民法712条・713条)の存在が要求される。

被害者の救済のために、故意または過失がなくても賠償をさせようとする**無過失責任主義**が登場し、特別法の分野において認められることが多くなってきている。

第 5 節　親族(1)——婚姻

1　家族の基本構造

(1)　家族とは

近代法は、家族の基本的単位として、夫婦と未成熟の子からなる家族を、その中心に措定している。これを近代的小家族、いわゆる「核家族」・「婚姻家族」という。ここにいう夫婦は、両性の合意のみによって成立したものでなければならず、その夫婦（婚姻)を核とし、その間に子ができれば、その子も核の一員として家族を構成し、家族生活が営まれることになる。その子が成長し、新しい核をつくれば（婚姻・結婚)、新たな単位を形成することに

なる。つまり、家族は、横のつながりである婚姻中心に考えられているのであり、そこに縦のつながりである親子関係が同等の重みをもって、加わるのである。

(2)　家族法の基本原則

このような家族を実現させ、継続させるために、日本国憲法は、「**個人の尊厳**」と、「**男女の本質的平等**」の原理（憲法14条・24条）のもと、明治家族法におけるような「家」的家族制度を廃止し、家族法秩序から封建的要素を除去し、その民主化をはかっている。民法も憲法の要請をうけて、「この法律は、個人の尊厳と両性の本質的平等を旨として、解釈しなければならない」（民法2条）と規定して、「個人の尊厳、男女の平等」を解釈原理として採用した。

2　婚姻の成立要件

(1)　婚姻（結婚）とは

婚姻は、終生的男女の共同生活関係をいうのであるが、男女の共同生活関係が婚姻として法的・社会的に認められるためには各種の要件が必要となる。すなわち、婚姻の成立要件—実質的要件と形式的要件—を満たすことが要求されている。

(2)　婚姻の実質的要件

(a)　当事者間の合意（**婚姻意思の存在**）

結婚しようとする男女の間に、終生的な夫婦関係を成立させようとする意思の合意が必要である。婚姻意思は届出のときに必要であって、当事者に意思能力があることが要求される（民法738条参照）。婚姻意思の無い婚姻は無効となり（民法742条）、またなんらかの方便のために婚姻届けをしても（いわゆる仮装婚姻）無効とされる。子を嫡出子にするために婚姻届をしても、当事者間に実際に夫婦になる意思がない場合には、その婚姻は無効となる（最判昭44・10・31民集23巻10巻1894頁）。

(b)　婚姻適齢

満18歳になれば婚姻することができる（民法731条）。

 (c)　**重婚の禁止**

 配偶者ある者は重ねて婚姻することができない（民法732条）。一夫一婦制の要請から当然のことであり、重婚は刑法上の犯罪となる（刑法184条）。

 (d)　**近親婚の制限**

 一定範囲の親族は、倫理的、道徳的あるいは優生学的理由により婚姻することができない。直系血族または三親等内の傍系血族の間では婚姻することができず、特別養子の成立によって親族関係が終了しても同様である（民法734条）。直系姻族間では、姻族関係が終了しても婚姻できない（民法735条）。特別養子の成立によって姻族関係が終了しても同様である。養親子関係においては、離縁により法定血族関係が終了しても婚姻できない（民法736条）。

(3)　婚姻の形式的要件

 婚姻は、実質的要件を具備しただけでは成立せず、形式的要件である**婚姻届の受理**によってはじめて成立する。すなわち、婚姻は、戸籍法の定めるところによりこれを届け出ることによって、その効力を生ずる（民法739条）。したがって結婚式を挙げ、世間的に夫婦と認められても、届出しないかぎり、法律上の夫婦とはならず、内縁関係にとどまるのである。婚姻の届出は、一般に当事者双方および成年の証人2人以上から書面でなされる。この届出は「創設的届出」といわれ、戸籍の届出によってはじめて法的効果が生ずるのである。これに対し、出生や死亡のように、届出により法的効果が生ずるのではなく、その事実が発生すればそれにより法的効果が生ずる場合がある。この場合の届出を「報告的届出」という。

3　婚姻の効果

 (1)　婚姻が成立すると、当事者間に配偶者関係（夫婦関係）が生じ、そこに、身分的、財産的権利義務関係が新たに発生する。さらに夫婦間以外に間接的に姻族関係や準正などの効果も生ずる。

 (2)　夫婦は、婚姻の際に定めるところに従って、夫または妻の氏を共通に称しなければならない（民法750条）。夫婦であるかぎり、共通の氏を称しなければならず、夫婦別氏や新しい氏を称することはできない（最大判平27・

12・16民集69巻8号2586頁）。これを**夫婦同氏の原則**といい、戸籍も、夫婦を基礎単位として編成される（戸籍法16条）。この戸籍は、氏を変更しなかった方が先に記載されることになっている（戸籍の筆頭者）。

　(3)　夫婦は同居し、互いに協力し扶助しなければならない（民法752条）。夫婦間には、同居義務、扶助義務があり、対等な立場で共同生活を営むことになる。

　(4)　夫婦は貞操義務を有し、不貞行為は、義務違反として離婚原因になる（民法770条1項1号）。

　(5)　夫婦間で契約したときは、婚姻中、何時でも取り消すことができる（民法754条）。しかし、実質的に婚姻が破綻している場合には取消しできないと解されている（最判昭42・2・2民集21巻1号88頁）。

　(6)　夫婦は、その財産、収入その他一切の事情を考慮して、婚姻から生ずる費用を分担する（民法760条）。**婚姻費用**とは夫婦を中心とする共同生活に必要な経費、たとえば、衣食住に関する費用、教育費、医療費などの費用、一切をいう。

　(7)　夫婦の一方が日常家事に関して第三者と法律行為をしたときは、その債務、たとえば、食料品の購入や家具の支払など婚姻生活をなすにあたって生じた債務につき夫婦は連帯して責任を負わなければならない（民法761条）。この債務のことを**日常家事債務**という。日常必要とされる生活費用に限定されるのであって、夫婦の社会的地位などによって判断されるが、不動産の売却などは日常家事性を否定される（最判昭43・7・19判時528号35頁）。

　(8)　夫婦の一方が婚姻前から有する財産および婚姻中自己の名で得た財産は、その特有財産とし、夫婦のいずれに属するか明らかでない財産は、夫婦の共有に属するものと推定される（民法762条）。夫の物は夫の物、妻の物は妻の物という夫婦別産制の建前を明らかにしたものである。

　(9)　夫婦が、婚姻の届出前に、夫婦財産契約を締結して登記をしたときは、(6)(7)(8)の法定財産制に従わなくてもよい（民法755条、756条）。これを契約財産制という。

4　婚姻の解消

(1)　死亡による解消

　夫婦の一方が死亡すれば、婚姻が解消し、婚姻の効果も消滅する。財産関係は相続により解消する。姻族関係の消滅（民法728条2項）や復氏（民法751条1項）については、生存配偶者の意思により決せられる。

(2)　離婚による解消

　離婚は当事者の意思により婚姻を解消させることである。離婚には協議離婚と裁判離婚がある。

(a)　協議離婚

　夫婦は協議で離婚することができる（民法763条）。協議離婚が成立するためには、当事者間で離婚の合意（離婚意思）があり、かつ、戸籍への届出をしなければならない（民法764条）。未成年の子のいる夫婦が離婚する場合の親権については、一方の親が親権を有する単独親権と、双方の親が有する共同親権の考え方があるが、現行法では単独親権であり、一方の親を親権者と定めなければならず（民法819条1項）、親権者の記載のない離婚届は受理されない（民法765条1項）。当事者の一方に離婚意思がないにもかかわらず、離婚届が出されるおそれがある場合には、その離婚届を受理しないでと申し出る制度がある（**離婚届不受理申出制度**—昭和37年9月27日民甲2716号回答・昭和51年1月23日民2通達900号、戸籍法27条の2）。

(b)　裁判離婚

　夫婦の一方は、協議離婚ができないとき、離婚原因がある場合に離婚の訴えを提起して、他方の意思にかかわらず、離婚を求めることができる（民法770条）。裁判により離婚しようとする者は、まず、家庭裁判所に調停の申立をしなければならない（**調停前置主義**—家事事件手続法257条18条）。この調停が成立すれば離婚となる（調停離婚）。不成立の場合には家庭裁判所は審判をすることができる（裁判離婚）。調停・審判により離婚が成立しないとき、訴えによる離婚が行なわれる（判決による離婚）。

　裁判離婚が認められるためには、770条の**離婚原因**がなくてはならない。すなわち、配偶者の不貞行為・悪意の遺棄・配偶者の3年以上の生死不明・回復の見込みなき精神病・その他婚姻を継続し難い重大な事由の5項目であ

る。これらの離婚原因は破綻主義的に解されている。判例は、破綻主義にも限界があるとして、有責配偶者からの離婚請求を認めていなかったが（最判昭27・2・19民集6巻2号110頁）、その後一定の条件づきで、有責配偶者からの離婚請求も認めるようになった（最大判昭62・9・2民集41巻6号1423頁）。

(c)　離婚の効果

離婚によって婚姻は解消し、婚姻の効果・相続権・姻族関係などは消滅する。婚姻によって氏を改めた夫または妻は、離婚によって婚姻前の氏に復するが、離婚の日から3か月以内に届出があれば、離婚の際に称していた氏を称することができる（民法767条）。

未成年の子を有する夫婦が離婚するときは、協議または裁判所により親権者を決めなければならない（民法819条）。しかし、離婚によって、親子関係に影響が及ぶことはなく、扶養関係、相続関係も変わらず、子の氏も当然には変更しない。

離婚をした者の一方は、相手方に対して財産の分与を請求することができる（民法768条）。財産分与はまず当事者の協議によって定め、決めることができないときは、家庭裁判所が一切の事情を考慮して決定する。

5　内縁

民法は婚姻の成立につき、届出婚主義を採用しているので、社会的には夫婦と認められているにもかかわらず、届出がないために法律上の夫婦と認められない男女の共同生活関係が必然的に生じてしまう。この関係を内縁という。かつては全く保護を与えられなかったが、大正4年の連合部判決（大連判大4・1・26民録21輯49頁）以来、婚姻予約、そして準婚として保護されるようになった。

内縁は、婚姻とほとんど同じ効果が認められるようになってきたが、夫婦の氏・姻族関係の発生・成年擬制・相続・子の取扱いなどについては、法的効果が認められてない。特別法による保護は妻と同視する傾向にある（労働基準法施行規則42条参照）。内縁配偶者には相続権が認められないが、相続人不存在のときの特別縁故者として（民法958条の2）、借家権の承継人として

（借地借家法36条）の地位は認められる。

第 6 節　親族(2)——親子

1　親子関係

　親子関係には、血縁に基づくものと、血縁上のつながりはないが法律が特に親子と認めた 2 種がある。前者を実親子関係といい、後者を養親子関係（法定親子関係）という。

　法律上親子であると、相互に扶養関係・相続関係などの法的効果が生ずる。特に大切なのは、未成熟子に対する親の権利義務関係である。親は親権者として、子を監護・教育する地位に立ち（民法820条）、子を扶養する義務を負っている。

2　実親子関係

(1)　親子の要件

　ある者とある者とが親子であるための判断基準として血縁がもちいられるが、血のつながりというものは必ずしも明確ではなく、親子関係特に父子関係の確定に困難を伴うことが多い。そこで民法は、実親子関係を確定するものとして、嫡出推定制度と認知制度を設けている。双方とも父子関係を明らかにしようとするものであり、母子関係は分娩という事実によって発生するものと解されている（最判昭37・4・27民集16巻 7 号1247頁）。嫡出推定制度による関係を嫡出親子関係といい、認知制度による関係を非嫡出親子関係という。前者による子を嫡出である子（嫡出子・婚内子）、後者による子を嫡出でない子（非嫡出子、婚外子）という。

(2)　嫡出推定制度

　嫡出子とは婚姻関係にある父母から生まれた子であると、一応定義できるが（準正子や養子も嫡出子たる地位を有している—民法789条・809条）、民法上は嫡出子と推定される規定を置いているだけである（民法772条）。これまで妻が婚姻中に懐胎した子は夫の子と推定され、さらに、婚姻成立の日から200日後または婚姻の解消もしくは取消しの日から300日以内に生まれた子は婚姻中に懐胎したものと推定される、と規定していた。しかし、このために

前夫の子となるのを避けるため、母が出生届を提出せず、無戸籍となるケースが生じていた。そこで、妻が婚姻中に懐胎し、または、婚姻前に懐胎した子であって婚姻後に生まれたものは夫の子と推定し、この場合において婚姻成立の日から200日以内に生まれた子は婚姻前に懐胎したものと推定し、婚姻の成立の日から200日後または婚姻の解消もしくは取消しの日から300日以内に生まれた子は婚姻中に懐胎したものと推定すると改正した。

　推定された嫡出子が父の子ではなかったときは、父、母または子は嫡出否認の訴えによって父子関係を否認することができる（民法774条）。嫡出推定規定は血縁主義に基づき、夫婦生活を前提としているので、父による懐胎の可能性が全くないような場合には、その適用が排除されることになる（最判昭44・5・29民集23巻6号1064頁）。このような場合には「親子関係不存在確認の訴え」により親子関係の存否を争うことになる（人事訴訟法2条）。

　嫡出子は出生と同時に父母との親子関係が生じ、父母の氏を称して（親子同氏の原則─民法790条）、父母の戸籍に記載される（戸籍法18条1項）。父母の共同親権の保護を受け（民法818条）、父母双方に対し親子関係・扶養関係・相続関係などが生ずる。

(3)　認知制度

　嫡出でない子とは、婚姻関係にない男女間に生まれた子をいう。嫡出でない子は、出生と同時に母子関係が生ずるものの、**認知**がなければ父子関係は生じないのである。母子関係は分娩という客観的事実によって明白になるので、生物学的親子関係を法律的親子関係に直結することができるのである。規定上、母の認知が必要であるとされているが（民法779条）、最高裁は母の認知は不要であると解している。認知には、任意認知と裁判認知とがある。任意認知は、父の側から父子関係を確定させるもので、戸籍上の届出（認知届）によりなされる（民法779条）。裁判認知は、子の側から父子関係を確定させるもので、認知の訴えを提起することにより血液鑑定など客観的方法により親子関係を判定するのである（民法787条）。

　認知のない嫡出でない子は、母に対してのみ親子関係が生じ、母の氏を称して（親子同氏の原則─民法790条2項）、母の戸籍に記載され（戸籍法18条2項）、母が親権者となる（民法818条）。母方とのみ親族関係・扶養関係・相続

関係が生ずる。

　認知があると、出生のときから父との間に親子関係があったと認められ（認知の遡及効——民法784条）、親子間におけるすべての権利義務関係が生ずることになる。しかし、準正されないかぎり、嫡出でない子の地位にとどまる。ただ、父の氏を称することも（民法791条）、父を親権者とすることも可能となる（民法819条）。家庭裁判所の許可を得て父の氏を称することができると、父の戸籍に記載されることになる（戸籍法18条2項）。

⑷　準正

　嫡出でない子が認知を受け、その父母が婚姻すると、その子は嫡出子たる地位を取得することになる（民法789条）。これを**準正**という。父母の婚姻と認知の双方が必要であるが、どちらが先になされてもよい。準正の効果は、認知・婚姻の順（婚姻準正という）のときは婚姻のときから、婚姻・認知の順（認知準正という）のときは認知のときから生ずる。この場合、子は戸籍への届出により父母の氏を称することができる（民法791条2項）。

3　法定親子関係——養親子関係

⑴　普通養子

　一般に親子関係のない者の間に親子関係を擬制して、親子としての法律上の効果を認める関係を法定親子関係といい、現行法上は養親子関係のみが認められている。

　養親子関係は、縁組届により成立する（民法799条）。養子縁組をするには当事者間に合意のあること（民法802条）、養親は20歳以上の者であること（民法792条）、養子は尊属または年長者でないこと（民法793条）、後見人が被後見人を養子とする場合には家庭裁判所の許可も得ること（民法794条）、配偶者のある者が未成年者を養子とするには配偶者と共同して縁組すること（民法795条）、配偶者のある者が縁組するにはその配偶者の同意を得ること（民法796条）、養子となる者が15歳未満であるときは法定代理人が代わって縁組をすること（民法797条）、未成年者を養子とするには家庭裁判所の許可を得ること（民法798条）が必要である。

　養子は縁組の日から養親の嫡出子たる地位を取得する（民法809条）。養子

は養親の氏を称し（民法810条）、養親の戸籍に入る（戸籍法18条3項）。養子と養親との間には扶養関係・相続関係が生じ、養子が未成年のときは養親の親権に服する（民法818条2項）。しかし養子と実親との親子関係については変りない。

養子縁組は離縁によって解消する。離縁には協議離婚（民法811条）と裁判離縁（民法814条）とがある。離縁は、縁組によって生じた養親子関係の効果を消滅させる。養子は縁組前の氏に復することになるが、縁組の日から7年を経過した者は離縁の日から3か月以内の届出により離縁の際に称していた氏を称することができる（民法816条）。

(2)　**特別養子**

家庭裁判所は、一定の要件がある場合に、実方との親族関係が終了する縁組を成立させることができる（民法817条の2）。これを「**特別養子**」縁組という。

特別養子が成立するためには、養親は配偶者のある者で、25歳以上でなければならない（民法817条の3・817条の4）。養子は15歳未満であること（民法817条の5）、父母の同意あること（民法817条の6）、特別養子縁組の必要性のあること（民法817条の7）、養親となる者が養子となる者を6か月以上監護した状況を考慮すること（民法817条の8）が必要である。

特別養子縁組の成立によって、養子と実方の父母およびその血族との親族関係は終了する（民法817条の9）。特別養子の戸籍は、まず単独の新戸籍が編製され（戸籍法20条の3）、ついで養親の戸籍に入り（戸籍法18条3項）、単独の戸籍は除籍される。養親の戸籍では、実子とほぼ同様に記載される。

特別養子の離縁は、養子の利益のため特に必要があるときにかぎり、家庭裁判所によってのみ認められる（民法817条の10）。離縁の日から、養子と実父母およびその血族との間の親族関係が生ずる（民法817条の11）。

第7節　相　　続

1　相続の意義

(1)　相続とは

相続とは、人の死亡を原因として、その人の財産を承継させる制度であ

る。人が死亡すると、その人に属していた財産は無主物となり、法秩序が混乱するおそれが生ずる。無主物化回避のため、財産を承継すべき人を決めなければならない。このための方法として、死亡した人の意思により承継すべき人を決める場合と、法律があらかじめ死亡した人と一定の関係にある人に承継させることを決めておく場合がある。前者を遺言相続といい、後者を法定相続という。

(2)　相続法の原則

現行法は、昭和22年の民法改正により、家督相続制度を廃止して、近代的相続制度を確立しようとした。それは、個人の尊厳、両性の本質的平等原理のもと、共同均分相続性・近親相続主義・配偶者相続権の積極的肯定・法定相続制などの確立を目指したことである。

2　相続人

(1)　相続の開始

相続は人の死亡によってのみ開始する（民法882条）。**被相続人**（死亡した人）の財産を承継する**相続人**は、まず権利能力者でなければならないが、胎児も相続人になることができる（民法886条）。相続人は、相続欠格事由に該当したり、廃除されたりしてはならない。欠格事由に該当する者は当然に相続権を失う（民法891条）。遺留分を有する推定相続人が被相続人に対し虐待、侮辱など著しい非行をしたときは、被相続人の意思に基づいて、家庭裁判所の審判により相続人の資格を失わせることができる（民法892条）。

(2)　法定相続人

現行法は、配偶相続人としての被相続人の配偶者・血族相続人としての子（その直系卑属）、直系尊属、兄弟姉妹（その子）を相続人として法定している。しかし、これらの者がすべて具体的に被相続人の相続人となるわけではない。配偶者はつねに相続人となる（民法890条）が、血族相続人については、第1順位は子、第2順位は直系尊属、第3順位は兄弟姉妹と優先順位が決められている。子が相続の開始以前に死亡し、または欠格・廃除により相続人でなくなったとき、その者に直系卑属があるときは代襲して相続人となることができる（民法887条）。これを代襲相続というが、兄弟姉妹の子につ

いても認められている（民法889条）。直系尊属が数人ある場合、親等の近い
者が優先的に相続人となる（民法889条）。

(3)　相続の承認・放棄

　相続の開始によって、最優先順位にある相続人が当然に被相続人の財産を
承継することになるが、債務などの消極財産が多い場合には相続人の不利益
になることもある。このため、民法は**相続の承認・放棄**の制度を設け、相続
人の自由な意思によって、相続人が全面的に相続財産を引き受け（単純承認
―民法920条）、また、相続は承認するが、相続財産の範囲内で債務の弁済を
するということもでき（限定承認―民法922条）、あるいは全く相続しないこ
とにすることも認めている（相続放棄―民法938条以下）。限定承認および相続
放棄は相続の開始があったことを知ったときから 3 か月以内にその手続をし
なければならない（民法915条）。

(4)　相続人の不存在

　相続人のあることが明らかでないときは、相続人不存在の制度に従って、
相続財産を法人とし（民法951条）、相続人を捜索・確定し、相続財産の清算
を行うことになる（民法957条）。相続人が存在せず、特別縁故者がいれば残
余財産の分与をし（民法958条の 2 ）、最終的には遺産は国庫に帰属する（民
法959条）。

3　相続の効力

(1)　包括承継

　相続人は、相続開始のときより被相続人の財産に属した一切の権利義務を
承継するが、被相続人の一身に専属する権利については承継しない（民法
896条）。たとえば、扶養を受ける権利・親権などは承継されない。相続は包
括承継であるが、相続人が数人あるときは、相続財産は共同相続人の共有と
なる（民法898条）。

(2)　法定相続分

　相続人が数人あるときは共同相続となるが、共同相続人はその相続分に応
じて被相続人の権利義務を承継する（民法899条）。この相続分は、まず被相
続人の指定によって定められる（民法902条）。指定がなければ、法定相続分

に従って決められる（民法900条・901条）。

　配偶者と子が共同相続人である場合はそれぞれの相続分は2分の1ずつである。子が複数のときは各自の相続分は同じである（最大決平25・9・4民集67巻6号1320頁）。配偶者と直系尊属が共同相続人の場合、配偶者の相続分は3分の2、直系尊属の相続分は3分の1である。直系尊属が複数いる場合各自の相続分は同じであるが、親等の異なる者の間では近い者が優先する。配偶者と兄弟姉妹が共同相続人の場合、配偶者の相続分は4分の3、兄弟姉妹の相続分は4分の1である。兄弟姉妹が複数いる場合各自の相続分は同じであるが、父母の一方のみを同じくする兄弟姉妹の相続分は父母の双方を同じくする兄弟姉妹の2分の1である。代襲相続人の相続分は被代襲者の相続分と同一である。

(3)　特別受益・寄与分

　共同相続人中に**特別受益者**（婚姻・養子縁組のためまたは生活の資本として贈与を受けた者等）がいるときは、相続人間の公平のために持戻計算により、その相続分を決定する（民法903条）。他方、共同相続人間に、**寄与者**（被相続人の財産の維持または増加につき特別の寄与をした者）がいるときは、同じく相続人間の公平のために、寄与相続人の相続分に寄与分を加え、決定する（民法904条の2）。

(4)　遺産の分割

　共同相続人の共有である相続財産を各自の相続分に応じて相続人に分割することを**遺産分割**という。共同相続人はいつでも遺産分割を請求することができるが（民法907条1項）、それには3つの方法がある。遺言による指定分割（民法908条）、協議による分割、そして家庭裁判所の調停・審判による分割である（民法907条2項）。家庭裁判所における分割の規準は「遺産に属する物又は権利の種類及び性質、各相続人の年齢、職業、心身の状態及び生活の状況その他一切の事情を考慮してこれをする」とされている（民法906条）。

4　遺　　言

(1)　遺言とは

　遺言は、人の最終意思を尊重してその実現をはかる制度であるが、現行法

は、財産関係など特定の事項（遺贈など）につき一定の方式に従って死後に法的効果を発生させるという目的に限定されている。遺言は15歳に達すればすることができるが（民法961条）、一定の方式に従わなければならない（民法960条）。

(2)　遺言の種類

遺言の方式は、普通方式と特別方式に分けられ、普通方式には、自筆証書遺言、公正証書遺言、秘密証書遺言がある。**自筆証書遺言**は、遺言者がその全文、日付および氏名を自書し、これに捺印をしなければならない（民法968条）。**公正証書遺言**は、証人2人以上の立会が必要であり、遺言者がその内容を公証人に口授し、公証人がそれを筆記し、遺言者・証人に読み聞かせ、遺言者・証人が筆記の正確なことを承認した後、署名・捺印をし、最後に公証人が適法な手続に従って作ったものであることを付記し、署名・捺印することを要する（民法969条）。**秘密証書遺言**は、遺言者が遺言書に署名・捺印し、証書を封じ証書に用いた印章で封印し、公証人1人および証人2人以上の前に証書を提出して自己の遺言書である旨およびその氏名・住所を申述し、最後に、公証人が以上の申述・日付を封書に記載し、署名・捺印することを要する（民法970条）。自筆証書遺言は、簡単につくることができるが、方式違反になる可能性が高く、証書の毀滅や改変の危険があるという欠点がある。これに対し、公正証書遺言は、損傷や改変のおそれなく、公証人が作成手続をするため無効になる可能性もほとんどない。しかし、遺言内容を知っている証人がいるため、秘密性が保持されにくい。秘密証書遺言は、前二者の長短・効用を折衷した方式で、遺言の内容を秘密にするとともに遺言の存在を確実にするという長所を有している。

特別方式の遺言には、危急時遺言として、死亡危急者遺言（民法976条）、船舶遭難者遺言（民法979条）があり、隔絶地遺言として、伝染病隔離者遺言（民法977条）、在船者遺言（民法978条）とがある。いずれも普通方式に比べて要件が緩和されている。公正証書以外の遺言は家庭裁判所による検認が必要である（民法1004条）。危急時遺言は、遺言が真意によるものかどうかを判定するために家庭裁判所の確認が必要とされる（民法976条4項・979条3項）。

5 遺留分

(1) 遺留分とは

遺留分は、相続財産のうち相続人に確保されうる最低限度分であり、被相続人側からみれば、財産を自由に処分しうる限度額でもある。私有財産制度下における私的自治の要請と相続人保護の要請との調整を果す機能をもつ制度である。

(2) 遺留分権利者

遺留分権とは、相続人が自己の遺留分に基づいて被相続人のなした贈与や遺贈を減殺することのできる権利である。遺留分権は法定相続人中、配偶者・子・直系尊属に認められているのであって、兄弟姉妹は遺留分権者ではない。遺留分は、直系尊属のみが相続人であるときは被相続人の財産の3分の1であり、その他の場合、すなわち、配偶者と子、配偶者と直系尊属、配偶者と兄弟姉妹（ただし、兄弟姉妹には遺留分はない）、配偶者のみ、子のみが相続人であるときは、被相続人の財産の2分の1である（民法1042条）。共同相続の場合には、法定相続分に応じて、遺留分額は分配されることになり、代襲相続人の遺留分も同様である。

(3) 遺留分の確保

遺留分が侵害されたときは、遺留分侵害額に相当する金銭の支払いを請求することができる（民法1046条）。

第4章　刑法の世界

第1節　刑法とは（刑法の目的・機能）

　刑法とは、犯罪者を取り締る法律であるといわれているが、そのためだけに存在しているわけではない。基本的には、刑法は、人の基本的人権を守るためにある。社会秩序をみだし、犯罪を行なった者を取り締り、制裁（刑罰）を科すのは、国家の役割である。近代法のもと、原則として自力救済は禁じられており、親が殺されても子が仇討をすることは許されていない。国家権力が個々人に代って殺人者を罰するのである。ところが、国家権力は乱用されやすい。それ故、三権分立の制度を取り入れ、公平な権力行使を保障しようとしている。特に警察権や裁判権の行使は、刑罰を伴なうが故に人権を侵害しやすい。かつて封建社会においては、国王の恣意的な権力行使により無実の人までも逮捕され、あるいはささいな罪を犯した者に対しても重い刑罰をもって処分されるという不当な事が行なわれ、また近代国家においても同様な事が行なわれる可能性もあった。そこで、基本的人権を守るために人のどのような行為が犯罪とされ、その犯罪に対してどの程度の刑罰が科せられるか、あらかじめ法律により明確に決めておくことが要求される（罪刑法定主義）のである。たとえば、刑法199条は人を殺した（犯罪）者は、「死刑又は無期若しくは5年以上の懲役に処する」（刑罰）、と規定している。人を殺す行為が犯罪とされ、殺人者は死刑等により罰せられることが明らかにされている。このことは、法律により犯罪とされる行為以外の行為では人は犯罪者とされず、刑罰を受けることはない、ということをも意味している。このように刑法はまず人権を保障し、さらに人々の生命・身体・財産等の生活上の利益（**法益**）を保護しようとする目的・機能を有している。現行刑法には目的が明文化されていないが、新しい刑事訴訟法（昭和23年7月10日法律131号、同24年1月1日施行）1条は、「この法律は、刑事事件につき、公共の福祉の維持と個人の基本的人権の保障とを全うしつつ、事案の真相を明らかにし、刑罰法令を適正且つ迅速に適用実現することを目的とする」と規

定している。そのために、生命、自由を剥奪する刑罰を用いて犯罪を予防
し、かつ犯罪が実行されたときには、その制裁（刑事的制裁）として刑罰を
科しているのである。すなわち、あらかじめ犯罪と刑罰を予告することに
よって人々を犯罪から遠ざけ、そのことによって犯罪の発生を防止しようと
する機能を有している。制裁には、刑事的制裁のほか、民事的制裁、行政的
制裁、社会的制裁がある。1つの行為が複数の制裁（責任）を生じさせるこ
ともある。たとえば、自動車事故の場合のように、刑法上犯罪として処罰の
対象とされ、民法上不法行為による損害賠償責任が生じ、行政法上免許の取
消処分がなされるということもありうる。

　刑法は、前述のような目的・機能を有すると同時に、犯罪が実行された場
合には、それ相応（目には目を、歯には歯を）の刑罰を科し、二度と犯罪を行
なわないように反省させ、社会の一員として過ごせるように更正させようと
するのである。

第2節　刑法の法源

1　刑法の範囲

　現行刑法典は、明治40年に公布され（法律45号）、同41年10月1日より施
行された。これが刑法の法源の主なものである。この一般（普通）刑法のほ
かに特別刑法と呼ばれる法規が存在する。爆発物取締罰則、暴力行為等処罰
に関する法律、軽犯罪法等であるが、さらに一つの法律のなかで一定の行為
が犯罪になり刑罰が科せられるという規定をもつものもある。税法や行政
法・労働法等である。広い意味での刑法は、これらのすべてを対象とするも
のである。

2　刑法の改正

　現行刑法典は成立・施行後、根本的な大改正がなされたことはなかった。
しかし、明治の社会と現在における社会とでは大きな変動があり、新しい社
会に対する刑法の改正の必要性は高まっている。したがって過去必要最少限
の改正は数回なされたが、そのなかで比較的大きなものとしては、新憲法
（日本国憲法）制定に伴う昭和22年（法律124号）の改正、平成7年（法律91

号）の刑法典の平易化を目的とする改正である。このほか必要に応じて特別法の新設という形で新しい事態に対応してきた。令和4年の改正（法律67号）では、拘禁刑の創設や侮辱罪の厳罰化など、社会の変化に応える改正が行われた。

3　慣習刑法の禁止

　刑法において慣習法は否定される（慣習刑法の禁止）。刑法の法源は成文法に限定され、不文法（慣習法）は排除されなければならない。民法や商法のような私法の世界では、慣習法は法源としての重要な位置をしめている。たとえば、商法1条2項は「商事に関し、この法律に定めがない事項については商慣習に従い、商慣習がないときは、民法（明治29年法律第89号）の定めるところによる」と規定して、民法よりも商慣習法に優先適用を認めている。刑法では、罪刑法定主義のもと、全面的に排除されているのである。

第3節　刑法の適用範囲

1　時間的適用範囲

　憲法39条は「何人も、実行の時に適法であった行為又は既に無罪とされた行為については、刑事上の責任を問はれない。又、同一の犯罪について、重ねて刑事上の責任は問はれない」と規定して、**遡及処罰の禁止**を明らかにしている。刑法は、施行された後の犯罪に対して適用され、過去の行為については適用されないのである（刑罰法規不遡及の原則）。一般に法律は将来効（施行後のことについて効力をもつ）を原則とするが、遡及させて適用した方が人々の利益・幸福になる場合には過去のことについても適用させる（遡及効）こともある（特に私法の世界）。しかし、刑法では、人権を守るためにも、遡及して適用することを否定する。ちなみに、刑法6条は、「犯罪後の法律によって刑の変更があったときは、その軽いものによる」と規定して、遡及効を認めている。この規定は、遡及処罰の禁止の原則に反するものではなく、犯罪当時の重い刑罰よりもその後の法改正により軽くなった刑罰を科することは、刑を軽くした改正の趣旨を考え、犯人の利益のためにもなることから、罪刑法定主義の精神にそうものであると考えられている。

2　場所的適用範囲

　刑法の適用はまず**属地主義**を原則とする。刑法は、日本国内および日本国外にある日本船舶、日本航空機内においてすべての者に適用される（刑法1条）。日本国の主権の及ぶ範囲（領海・領空を含む）において、日本国籍を有すると否とを問わず、すべての人に対して日本の刑法が適用されるのである。次いで、刑法は、日本国外であっても殺人のような重大な犯罪を行なった日本国民に適用される（刑法3条、**属人主義**）。さらに、刑法は日本国や日本国民を保護するために国籍や犯罪地を問わず、内乱罪等の犯罪に対して適用される（刑法2条・4条、保護主義）。最後に刑法は、日本国外において、刑法典第2編の罪でかつ条約により罰すべきものとされている犯罪を犯したすべての者に適用される（刑法4条の2、**世界主義**）。

第4節　刑法の基本原理（罪刑法定主義）

1　罪刑法定主義とは

　罪刑法定主義とは、あらかじめ法律の規定で、どのような行為が犯罪となり、その行為に対してどのような刑罰が科せられるか、ということを明らかにしていなければならず、法律で犯罪と刑罰が明文化されていない以上いかなる行為も犯罪として取り締られず、処罰されることはないという考えである。刑法上最も重要な基本原理である。現行刑法典には、罪刑法定主義に関する明文の規定は存在していないが、自明のものであるとされている。

2　明文上の根拠

　明治13年に制定された、いわゆる旧刑法（明治15年施行、同41年廃止）2条で「法律ニ正条ナキ者ハ何等ノ所為ト雖モ之ヲ罰スルコトヲ得ス」として罪刑法定主義を明らかにしたが、現行刑法にはその種の規定はない（なお、改正刑法草案—昭和49年5月29日法制審議会総会決定—は、第1条で「法律の規定によるのでなければ、いかなる行為も、これを処罰することはできない」と罪刑法定主義を規定する）。

3　刑法の原則

　刑法では当然の基本原理であるとされている罪刑法定主義について、刑法の前提となる日本国憲法では、「何人も、法律の定める手続によらなければ、その生命若しくは自由を奪はれ、又はその他の刑罰を科せられない」（31条）と規定して、罪刑法定主義の原則を示している。この原則から次のような原則が生ずる。

(1)　慣習刑法排除の原則（法律主義）

　犯罪や刑罰は法律によって規定されなければならず、慣習法による犯罪や刑罰を認めてはいけないとする原則である。罰則は、原則として法律で定めなければならないが、例外的に法律の委任があるときには政令で定めることができる（憲法73条6号但書）。

(2)　適正手続の原則（憲法31条）

　犯罪と刑罰を法律の定める手続により定めることになるが、その手続は「法律の適正な手続（デュープロセス）」によるものでなければならず、その内容は、具体的かつ明確性が要求され、さらに犯罪とする行為については合理性があり、刑罰も適正（**犯罪と刑罰の均衡**）でなければならない、とする原則である。また、刑期の定まっていない刑（**絶対的不定期刑**）も禁止される。

(3)　類推解釈の禁止の原則

　刑法の規定は、厳格に解釈されなければならず、規定の本来の意味を不当に超えて広く解釈してはならないとする原則である（厳格解釈の原則）。人権を守るための罪刑法定主義であるから、行為者の不利益になるような類推解釈は許されないのである。ただし、拡張解釈は認められている。刑罰法規の適用に際し、その規定の理解の仕方が拡張解釈に止まっているのか、禁止されている類推解釈をしているのか、の判断は非常に難しい。旧刑法時代、電気を盗んだ者に対して窃盗罪（旧刑法366条）が適用できるかが争われた。「人の所有物（現行法では「他人の財物」（235条）となっている）」を盗むのが窃盗であるが、「物」とは有体物をいい（民法85条）、電気のようなエネルギーは有体物ではないと考えられるので窃盗罪に該当しないと判断しうるが、大審院は、電気は可動性・管理可能性を有する故に窃盗の対象となると

した（大判明36・5・21刑録9輯874頁）。この判断が類推解釈をしたのではないかと問題になったが、現刑法では「この章の罪については、電気は、財物とみなす」（刑法245条）と規定し、解釈上の問題を立法的に解決している。現在でも同種の事件は生じている。テレホンカードを改ざんした事件をめぐって、テレホンカードは刑法上の有価証券（刑法162条）に該当するかが争われた。テレホンカードを有価証券とすることは類推解釈ではないかとの考えもあるが、最高裁判所はテレホンカードは有価証券に当たると解した（最大決平3・4・5刑集45巻4号171頁）。

(4) 遡及処罰の禁止の原則（刑罰法規不遡及の原則）

　行為の時に適法であるならば、その行為を後の法律で罰してはならず、刑罰法規の効力を過去に遡らせてはならないとする原則である（憲法39条）。事後法の禁止ともいわれる。

第5節　犯罪の成立要件

1　犯罪とは

　犯罪とは、構成要件に該当し、違法で有責な行為である。人のどのような行為を犯罪とし、刑罰の対象とするかは、立法者が社会通念（常識）に基づいて決めるのであるが、処罰すべきであるとされる行為を類型化したものを**構成要件**という。たとえば「人を殺した者」（刑法199条）が構成要件である。

　刑法は、構成要件である犯罪の対象を、保護すべき法益を基準に三つに分けている。国家的法益に対する罪、社会的法益に対する罪、個人的法益に対する罪に分け、その順で規定している。個人的法益とは、個人の生命・身体の安全・名誉・財産等、生活上の利益であり、社会的法益とは、社会的・経済的・道徳的秩序等、公共の安全・信用や風俗に関する社会一般の利益のことをいい、国家的法益とは、立法・行政・司法等国家の存立や作用に関わる利益のことである。

2　構成要件

　犯罪とされるためには、まず構成要件に該当しなければならない。犯罪行為の主体は「人」である。法律上、人とは自然人および法人のことである

が、刑法上人とは原則として自然人をさす。処罰の対象は自然人であって法人ではない。法人にも刑事責任を認めるべきであると思うが、刑法上法人の犯罪能力は認められていない。特別法上、たとえば「人の健康に係る公害犯罪の処罰に関する法律」の 4 条では「法人の代表者又は法人若しくは人の代理人、使用人とその他の従業者が、その法人又は人の業務に関して前 2 条の罪を犯したときは、行為者を罰するほか、その法人又は人に対して各本条の罰金刑を科する」とする両罰規定を設けている。私的独占の禁止及び公正取引の確保に関する法律95条 1 項も同様な規定である。

　構成要件は、原則として行為者の故意による場合を対象とする。刑法38条 1 項は「罪を犯す意思がない行為は、罰しない。ただし、法律に特別の規定がある場合は、この限りでない」と規定し、犯罪となるのは故意犯の場合であって、過失犯を処罰の対象とするためには特別の規定が必要であるとしている。

3　違法性

　構成要件に該当しても、その行為が直ちに犯罪とされ、処罰の対象となるわけではない。**違法な行為**でなければならず、違法な行為でない、つまり違法性阻却事由がある場合には犯罪は不成立となる。違法性阻却事由に該当するものは次の通りである。「法令又は正当な業務による行為は、罰しない」（刑法35条）、「急迫不正の侵害に対して、自己又は他人の権利を防衛するため、やむを得ずにした行為は、罰しない」（刑法36条 1 項）、「自己又は他人の生命、身体、自由又は財産に対する現在の危機を避けるため、やむを得ずにした行為は、これによって生じた害が避けようとした害の程度を超えなかった場合に限り、罰しない」（刑法37条 1 項本文）の**正当行為・正当防衛・緊急避難**である。

4　有責性

　ある行為が構成要件に該当し、違法性を有していても、犯罪が成立するわけではない。これらに、**責任**つまり行為者を非難できる可能性（非難可能性）が必要となる。責任があって犯罪が成立するのであって、責任なければ犯罪

なしであり（責任主義）、責任のない場合とは、責任阻却事由が存在する場合である。責任阻却事由は、「心神喪失者の行為は、罰しない」（刑法39条1項）、「14歳に満たない者の行為は、罰しない」（刑法41条）の心神喪失・刑事未成年などの場合である。

第6節　刑　　罰

1　刑罰の種類

犯罪が成立すると、原則として刑罰が科せられることになる。刑法は、明治40年の制定以来、死刑・懲役・禁錮・罰金・拘留・科料および付加刑としての没収という7種類の刑罰を認めてきたが、令和4年の改正により懲役と禁錮が一元化され「拘禁刑」が新たに創設された。改正規定は、令和7年6月16日までに施行される。

(1)　死刑

死刑は、「刑事施設内において、絞首して執行する」（刑法11条1項）と規定されている。生命刑であり、最も重い刑罰であるが、これが残虐な刑罰に当たるか否かが議論されている。憲法36条は「公務員による拷問及び残虐な刑罰は、絶対にこれを禁ずる」と規定している。死刑制度がこの残虐な刑罰に該当するかについて、最高裁判所は火あぶりやはりつけなどの方法による死刑は残虐な刑罰となるが、現行の死刑は直ちに残虐な刑罰に当たるとは考えられない、としてこれを否定している（最大判昭23・3・12刑集2巻3号191頁、最大判昭30・4・6刑集9巻4号663頁）。

(2)　懲役・禁錮／拘禁刑

懲役・禁錮は両者とも無期と有期があり、有期は1月以上20年以下とされている（刑法12条・13条）。懲役は「所定の作業」を強制されるのに対し禁錮にはそれがない。いずれも刑事施設に拘置される。

拘禁刑は、無期と有期があり、有期拘禁刑は1月以上20年以下とされている（改正刑法12条1項）。拘禁刑は、受刑者を刑事施設に拘置した上で、「改善更生を図るため、必要な作業を行わせ、又は必要な指導を行うことができる」（改正刑法12条2項・3項）。

(3) 拘留

拘留は 1 日以上30日未満の刑期で、懲役・禁錮に対して軽い刑罰であって、刑事施設に拘置される（刑法16条）。

(4) 罰金・科料

両者ともに財産刑であって、罰金は 1 万円以上、科料は千円以上 1 万円未満の金銭を支払わなければならない（刑法15条・17条）。

(5) 没収

財産刑であって、国家が犯罪行為に関係した物を没収することであるが、付加刑とされる（刑法19条）。なお、没収できないときには、その価額を追徴する場合もある（刑法19条の 2 ）。

2 刑の加重と減軽

死刑以下の刑を法定刑というが、この法定刑を重くしたり軽くすることができる。

刑を重くする場合は、併合罪における有期の懲役および禁錮の加重（刑法47条）と再犯加重（刑法57条）とがある。

刑を軽くする場合は、法律上の減軽と裁判上の減軽（酌量減軽）とがある。**法律上の減軽**は、心神耗弱（刑法39条 2 項）や過剰防衛（刑法36条 2 項）などがあり、前者を必要的減軽事由（「刑を減軽する」と表現している）といい、後者を任意的減軽事由（「刑を減軽することができる」と表現している）という。**酌量減軽**は、「犯罪の情状に酌量すべきものがあるときは、その刑を減軽することができる」（刑法66条）とされ、裁判官の判断により刑を軽くすることができるものである。法律上刑を加重し、または減軽する場合であっても、酌量減軽をすることができる（刑法67条）。刑の加重減軽の方法や順序については法定されている（刑法68条以下）。

裁判官は、法定刑および加重減軽した処断刑の範囲で刑の言渡し（宣告刑）を行なう。

第5章　ビジネスと法の世界

第1節　経済社会と法

　現代の経済社会は、商人や会社などの企業が中心となり、商品やサービスを相手方に販売・提供し、国民生活を豊かにするとともに、自己の利益を追求している。この経済社会を秩序ある社会とするために、数々の法が制定され、その遵守が要求されている。本章では、これら経済社会で適用される代表的な規律を考察することとしたい。

第2節　商人の規律をみる

1　商法と民法の関係

　国民生活を規律する私法の一般法として民法が定められており、そこでは契約自由の原則が認められている。しかし、これに加えて、経済社会では、ビジネスの発展に必要な「取引安全の保護」「ビジネスの営利性」「ビジネスの迅速性」をより確保する必要がある。そこで、民法の特別法として商法が制定されている。

　ビジネスの主体となる事業体を企業というが、商法は企業が活動する企業社会において、企業組織と企業活動の両面を規律する法である。もっとも、現代の企業社会では、企業の代表的存在は株式会社であるが、株式会社の組織については商法の特別法である会社法で規律されており、第3節で解説する。

　さて、あるビジネスシーンにて、国民生活を規律する民法と、企業社会を規律する商法の規律が重複し、かつ、その規律が異なるという場合があり得る。この場合、商法は民法の特別法であるから、商法が適用される企業社会でのビジネスシーンである限り、商法が民法に優先して適用されることとなる。他方、商法に規律のない事項については、まずは商慣習に従い、商慣習が存在しなければ民法に従うものとされている（商法1条2項）。本来、民法は成文法であるから、慣習より先んじて適用されるべきであるが（法の適

用に関する通則法3条）、ビジネスの世界は日進月歩であり、その市場参加者の共通のルールとして商慣習が確立していれば、民法ではなく商慣習を適用すべきとしたのである。

2　商法の適用

では、具体的に商法はどのような場合に適用されるのか。この点につき、商法の適用主体を定め、その主体には商法を適用するという考え方（主観主義）と、適用行為を定め、その行為には商法を適用するという考え方（客観主義）が成り立ち得るが、我が国は客観主義に立脚しつつ、主観主義を取り入れた折衷主義を採用している。

すなわち、商人の営業、商行為その他商事については商法が適用されるとし（商法1条1項）、この商人とは自己の名をもって商行為をすることを業とする者をいう（商法4条1項）としている。つまり、商行為（商法501条、502条）を定めておき、「これを業とする者」と制約する形で商人を定めている。なお、その企業の外観や実態に従い、商行為を業としない者であっても、商人とみなされる場合がある（商法4条2項）。

3　企業組織に関する規律

(1)　商業登記

商人には小商人（商法7条）を除き、商業登記が認められる。商業登記とは、取引相手その他の利害関係者に対し、取引上重要な商人の情報を国家により公示する仕組みであり、取引相手に情報を提供するとともに、商人自身の信用を維持し、もって取引の安全を保護する役割がある。不動産登記制度は権利変動の対抗要件とされているが、原則として商業登記にはそのような効力はなく、登記すべきことを登記の後でなければ当事者は善意の第三者に対して登記事項を対抗することができず（消極的公示力）、他方、登記すべき事項を登記した後は、その事情を知らない第三者にも対抗することができる（積極的公示力）とされているにすぎない。

商業登記は管轄する法務局で行い、電子的に記録され保存される。商業登記の記載事項は誰でも閲覧謄写することが可能である。もっとも、商業登記

の申請時は書面審査によるから（形式的審査主義）、真実その通りであること
が担保される制度ではない。

(2)　**商号**

商人は、その氏、氏名その他の名称をもって商号とすることができる。
（商法11条1項）会社はその名称が商号である。商号とは、商取引の主体を表
示するものである。ある商号を聞けば、顧客がその企業をイメージすること
ができるように、顧客に対し経済的な信用力を示し、顧客を誘引する力を持
つ。したがって、商法は、商人がその商号を用いることにつき、法的保護を
与え、他人がその商号を悪用することを防止している（商法12条、13条）。

また、商人は商号の使用を他人に許諾することができる（商法14条）。こ
れを名板貸という。商号は経済的な信用力を示していることから、名板借人
の営業は、名板貸人による営業との誤解を与え、取引先に不測の損害を与え
る可能性がある。このため、外観を信頼して権限があると信じて取引した者
を保護するため、名板貸人による営業と誤認して名板借人と取引した者に対
し、名板借人の債務につき連帯して名板貸人に債務弁済の責任を負わせてい
る。

商人は、その営業を第三者に譲渡することができるが、その際、譲受人が
商号を続用することがある。この場合、債権者保護のため、譲受人は譲渡人
の営業上の債務につき、原則として弁済する責任を負う（商法17条1項）。商
号の続用がない場合でも、譲受人が譲渡人の債務を引き受ける旨の広告をし
たときは、禁反言則により、弁済する責任を負う（商法18条1項）。

(3)　**商業帳簿**

商人の会計は、一般に公正妥当と認められる会計の慣行に従うものとされ
る（商法19条1項）。商人は、適時に正確な商業帳簿を作成しなければならず
（同2項）、その帳簿の保存義務を負う（同3項）。商業帳簿は、取引のトラブ
ルの解決に活用することができることから、訴訟において裁判所はこの商業
帳簿の提出を命ずることができる（同4項）。訴訟当事者が提出しない場
合、裁判所は会計帳簿記載内容に係る相手方の主張を真実と認めることがで
きる（民事訴訟法224条1項）。

(4)　営業の補助者

　商人は、自己の営業に従事させるために使用人を雇用することがある。しかし、すべての使用人が商人本人に代わって商人本人のために契約を締結できるとすると、商人本人にとりリスクが大きい。

　そこで、商法は、商人本人に代わって営業所の営業を行う者として、商人は支配人を置くことができる（商法20条）と定めている。支配人は、商人本人に代わりその営業に関する一切の裁判上、裁判外の行為をする権限を有し、この権限に商人本人が制限を課しても、善意の第三者には対抗できない（商法21条1項、3項）。支配人の他、営業に関するある種類又は特定の事項の委任を受けた使用人（商法25条）、物品の販売等を目的とする店舗の使用人（商法26条）の定めもある。

　なお、企業外部の補助者としては、代理商、仲立人、問屋がある。

4　企業取引に関する規律

　原則として取引には当事者間の契約が優先される（契約自由の原則）が、当事者間の契約に定めがない場合には民法が適用される。しかし、企業取引では取引安全の保護、ビジネスの迅速性・営利性の確保の目的から、商法に①代理、②契約の申し込みと成立、③報酬請求権、④商人間の留置権、⑤売買、などの特則が置かれている。

　また、商人はプロフェッショナルであるがゆえに、民法に比べ一定の営業において責任が加重されることがある。例えば、民法では無償受寄者は自己の財産に対するのと同一の注意義務（民法659条）、有償受寄者は善良な管理者の注意義務（民法400条）を負うが、ホテルや映画館など客の来集を目的とする場屋営業主が客より寄託を受けた物品の滅失または毀損については不可抗力でなければ損害賠償責任を免れないとされている（商法596条1項）。

第3節　会社の規律をみる

1　会社とはなにか

(1)　会社の優位性

ビジネスには元手となる資金が必要である。この資金が大きいほど、規模

の大きいビジネスを行うことができ、得られる利益も大きくなる。また、現代のIT社会においても、なおビジネスは「人」が行うものである。しかし、個人でビジネスを行うには、資金調達に限界があるし、ビジネスの永続性にも問題がある。このため、ビジネスを発展させるためには、複数の人でビジネスを行う共同企業のほうが優れている。

　ところで、ビジネスを始めるには、例えば、オフィスを借り、資金を調達し、従業員を雇い、商品を仕入れ、販売する……などの行為が必要であるが、いずれも相手方との契約となる。ビジネスを続ける限り、企業は契約を締結して権利を得て義務を負うことを繰り返す必要がある。個人企業であれば、自然人として権利能力を有している商人本人が、行為能力の制限を受けない限り、契約を締結し権利義務の帰属主体となる。では、共同企業ではどうか。

　共同企業には、組合契約（民法667条）、匿名組合契約（商法535条）などもあるが、これらの企業は法人格を有さない。このためこれらの企業では、企業として権利義務の帰属主体になることができず、企業活動を行うにあたり即時性に欠ける。これに対して、会社は法人とされているので（会社法3条）、会社として権利義務の主体となることができ、よって会社として契約を締結できるので、企業活動がスムーズに行える。この点から、多数の者が出資してビジネスを行うには会社が適しているといえる。

(2)　会社の意義

　会社とは、営利を目的とした社団法人である。会社は多数の出資者により資金が拠出され、ビジネスを行う企業形態である。この出資者を社員といい、その団体を社団という。会社には法人格が付与され、これらの出資者から独立した法的存在である。

　ところで、会社という企業形態は、多数の者が出資して企業活動を行い、利益を得て、この利益を出資者に還元する企業体である。したがって、ここでの営利とは、会社が単に利益を追求するという意味ではなく、会社が得た利益を出資者に還元するという意味である。

(3)　有限責任

　会社が商品を仕入れたときの未払代金や資金調達としての銀行からの借入金など、会社は企業活動を行うなかで債務を負うが、もし、会社がその債務を履行できない場合はどうなるのか。

　この債務を会社に代わって出資者が履行する責任を負う場合を「出資者の無限責任」、出資者が履行する責任が限定される場合を「出資者の有限責任」という。

　会社には種類があり、持分会社と株式会社に大別され、持分会社は合名会社、合資会社、合同会社に分かれる。このうち合名会社は無限責任社員から成る。ここでの社員とは、会社で雇用されている者という意味での社員ではなく、社団法人の社員、つまり出資者を意味する。また、合資会社は無限責任社員と有限責任社員から成り、合同会社は有限責任社員から成る。この持分会社は比較的少数の出資者による共同企業であり、出資者により会社が経営され（所有と経営の一致）、会社経営につき出資者の自治が大幅に認められ、組合的な性質を有している。

　株式会社は有限責任社員から成る。株式会社は多数の者による出資によって大きな資金を得て、企業活動を行うことができる企業体である。株式会社の出資者を株主というが、株主は、会社の企業活動による成果としての利益の分配を受けることを目的に出資しており、いわば投資家である。したがって、多くの株主は直接経営を行うものではなく、経営者を選び、会社の経営を委託する（所有と経営の分離）。株主が自ら経営していれば、経営のリスクは把握できるし、リスクを回避することもできるが、他人に経営を委ねている以上、株主にはリスクを回避する道がない。したがって、もし株主に会社の債務につき無限に責任を負うものとすると、株主は自分の経営でないにもかかわらず責任を負うこととなり、リスクが高すぎ、誰も株主になろうと考えなくなってしまう。そこで、株主のリスクを明確にするため、株主は出資額以上の責任を負うことはないとされる。つまり、ここでの有限責任とは、株主は出資額を限度として責任を負担することを意味する。

　この株主の有限責任を認めるということは、株式会社の財産でしか債務の弁済ができないという限界を認めることに他ならない。つまり株式会社の財

産では弁済できない部分については、債権者の負担（貸し倒れ）になるということである。債権者にもリスクを負担させるものであるから、債権者に一定の保護を与えないと、誰も株式会社と取引しないということになってしまう。そうなればビジネスの世界で株式会社という制度は成り立たない。そこで、経営の仕組みや情報の開示の制度を通じて、債権者に一定の保護を与える必要がある。会社法はこのように債権者保護も担っている。

(4)　法人格否認の法理

このように株式会社では株主は有限責任とされるが、他方、我が国の株式会社の大部分は中小零細企業であって、親族により所有され経営されるファミリー企業である。なかには、個人経営のような状態にあり、個人財産と会社財産が分別されていなかったり、株主有限責任を悪用したりする例がある。

そこで、判例法理として法人格否認の法理（最判昭44・2・27民集23巻2号511頁）が認められている。法人格否認の法理は、当該争いを解決するためだけに、その株式会社の法人格を否認し、株式会社の行為を株主の行為として、株主の責任を認めるものである。

なお、株式会社の経営者の責任を追及する制度としては、取締役の対第三者責任（会社法429条）が用意されている。

2　株式会社の資金調達

(1)　株式

株式会社の出資者に対しては、出資に応じて株式が交付される。株式とは、社団法人としての株式会社において、出資者としての社員の地位を均等に細分化して割合的単位にしたものであり、権利の行使時や権利の譲渡時にわかりやすくなる。多数の出資者が株式会社に参加することができるようにするための法的技術といえる。

それぞれの株式は社員の地位を均等に細分化したものであるから、同一内容である。株式は整数倍で表され、一人の株主が複数の株式を所有することができる。株式が均等であることから、種類及び数に応じて株主は平等である。

株主には、自益権と共益権が認められる。自益権とは、株主が株式会社から剰余金の配当を受ける権利など、株式を所有することで自らが経済的に利益を受ける権利である。これに対し、共益権とは、株主が会社の基本的意思を決定するなど、株主全体の利益のために株式会社の経営に参画する権利である。

(2)　株式の譲渡性

株式は譲渡することができる。株主は株式引受価額を限度に責任を負う有限責任であるから、株式会社が株主に出資を払い戻すことは会社財産の一方的な減少を来たし、債権者を害するおそれがあり、原則として認められない。このため、株主に投下資本の回収の道を保証するため、所有する株式を第三者に売却することを認めている。

もっとも、わが国の株式会社の大多数は、個人や親族が株主であり、かつ経営者である小規模なファミリー企業が多い。このような企業は、株式が自由に譲渡されることにより、見知らぬ第三者が株主となって経営に参画することを避けたいと考えている。このため、会社法は、定款で定めることにより株式の譲渡にあたっては株式会社の承認を要するという、譲渡制限を行うことを認めている（会社法107条 1 項 1 号、108条 1 項 4 号）。発行している株式の全部または一部に譲渡制限を付していない株式会社を公開会社といい、すべての株式に譲渡制限を付している株式会社のことを公開会社でない会社（閉鎖会社）と位置付けている。

株券を発行している株式会社では、当事者間では譲渡にあたっては株券を交付することで足りる。株券を発行していない株式会社では、当事者の意思の合致による。いずれにせよ、譲渡を株式会社に対抗するためには株主名簿に記載または記録してもらう必要がある。上場会社では、いわゆる株券の電子化により、株券は発行されていないが、証券会社等を通じて証券保管振替機構による口座に記録される。

(3)　資金調達

株式会社が事業を行うにあたり、元手となる資金が必要である。株式会社の設立には発起設立と募集設立があるが、出資を引き受けてもらい、払い込みを受けて株式を発行してこの資金を得る。

　さらに、株式会社が事業を拡大していくにつれ、新たに資金が必要である。この場合、株式会社が金融機関などから資金を借り入れたり、社債を発行したりして資金を調達することもできるが、新たに株式を発行して資金を調達することもできる。なお、株式を新たに発行するときは、既存の株主の利益を保護する必要があり、会社法は詳細な規定を設けている。

3　株式会社の経営機構

(1)　機関

　これまでみてきたように、株式会社は出資者である株主から出資を受け、出資者から委託を受けた経営者が経営し、さらに、株主有限責任を維持するため、取引先である債権者にも一定の保護を与える仕組みを採用している。

　そこで、株式会社の経営機構についても、会社法は厳格に規律を置いている。

(a)　機関の意義

　株式会社は、事業体として法が創り出した存在であるから、「私が株式会社です」という自然人はいない。このため、ある自然人または会議体の行う意思決定を会社の意思とし、ある自然人の行為を会社の行為とする必要がある。これらの自然人や会議体を機関という。

　会社法はさまざまな機関を用意し、株式会社の規模や株式の譲渡制限の有無などから、必要とされる機関の組み合わせ（機関設計）を定めている。どのような株式会社にも株主総会と、取締役が少なくとも一名以上は存在するが、他の機関については会社法の定めに従い設置され、または会社の定款で定めることにより任意に設置される。

(b)　株主総会

　株主総会は、株式会社の基本的な意思を決定する機関である（会社法295条）。

　株式会社の出資者である株主は、資金を提供している以上、その資金を用いて、誰によって、どのように経営されるのか、基本的な方針を決定する権利がある。もし、出資だけさせて、このような基本方針すら決定できないとすると、自分たちの出資金がどのように運用されるのか分からず、リスクが

高すぎて、誰も出資しないであろう。

　そこで、株主は株主総会を構成し、会議体としてこれらの基本的意思決定を行う。このため株式会社には必ず株主総会が設置される。ここでの意思決定は多数決であるが、出資者数によるのではなく、出資に応じたものであり、原則として1株につき1個の議決権が与えられる（会社法308条1項）。

　(c)　取締役

　取締役は、株式会社の日常的な意思を決定し、それを執行する機関である（会社法348条1項及び2項。なお、後述する取締役会設置会社の取締役は除かれている点に注意が必要である）。いわば経営者にあたる。株主総会は毎日開かれるわけではないし、株主総会は会議体であるから直接執行することはできない。そこで、株主総会で経営者として取締役を選任し、経営を委ねるのである。このため、株式会社には取締役が少なくとも一名設置される。

　このように取締役は、株主の多数決により株式会社から経営を委ねられた者であるから、株式会社との関係は委任または準委任であり（会社法330条）、株式会社に対して善管注意義務を負う（民法644条）。また、会社法は取締役に対して忠実義務を課している（会社法355条）。このため、取締役がこれらの義務に違反した場合には、債務不履行の責任を負うこととなる（会社法423条）。もっとも、ビジネスにはリスクがつきものであるところ、取締役が債務不履行責任の追及を恐れ、必要な投資を抑えるなど、経営に消極的になるおそれがある。これは株主の利益を損なう結果を招くことから、裁判例は取締役に広い裁量権を認め、結果的に損失をもたらしたことのみで責任は問わないとしている（経営判断の原則、東京地判平5・9・16判時1469号25頁）。

　(d)　代表取締役

　代表取締役はその株式会社を対内的にも対外的にも代表する機関である。一般に、株式会社の代表者は社長や会長とされるが、この社長や会長という呼称は会社が決めているにすぎない。取締役の互選や取締役会により選任される。会社法上、代表取締役を設置している株式会社では、代表取締役が一切の裁判上及び裁判外の行為を行うことができる（会社法349条4項）。

　(e)　取締役会

　本来、株主は取締役が株主の委託に従って経営しているか監督するべきで

ある。しかし、大規模な株式会社や、株式の譲渡に伴って日々株主が変わっていく株式会社では、株主に取締役の監督を期待することは困難である。そこで、一定の要件を満たす株式会社には、取締役全員で構成する取締役会の設置が求められる（会社法327条1項）。

　取締役会は業務執行の意思決定、取締役の職務執行の監督、代表取締役の選任及び解任を行う機関である（会社法362条2項）。指名委員会等を設置する株式会社を除き、取締役会を設置する株式会社では、取締役会の意思決定を執行する機関として代表取締役を設置しなければならず、代表取締役は取締役会の監督に服する（会社法362条3項、2項）。なお、取締役会設置会社では、代表取締役及び業務執行取締役が業務執行を担い（会社法363条1項）、この他の取締役は取締役会の構成員であるにすぎない。もっとも、取締役が使用人の職務を行っている場合も多い。

　（f）　監査役

　監査役は株主に代わって、取締役の職務執行を監査する機関（会社法381条1項）であり、株主総会にて選任される。原則として、会計監査と業務監査を行い、株主に監査結果を報告する。取締役の違法行為により株式会社に著しい損害が生じるおそれがある場合は、取締役に対しその行為の差し止めを請求することができる（会社法385条1項）。監査役が複数選任されている場合でも、監査役は各自独立して権限を行使することができる独任制の機関である。

　（g）　監査役会

　規模の大きい公開大会社では監査役全員から構成される監査役会を設置しなければならない（会社法328条1項）。監査役会設置会社では、半数以上の監査役が会社外部から招き、第三者の視点から監査する社外監査役とされる（会社法335条3項）。規模が大きく監査範囲が広いため、監査役監査が行き届かなかったり、重複したりすることのないよう、監査役が分担して組織的に監査するための機関である。監査役は独任制の機関であるから、担当監査役は監査の後に監査役会に報告し、他の監査役はその監査報告を利用し、監査意見を構成する。

　(h)　会計監査人

　会計監査人は株式会社の会計を監査する機関であり（会社法396条1項）、会計監査を行う国家資格を有する職業専門家である公認会計士及びその法人である監査法人が就任する。会社の計算のルール（会計基準）は複雑であり、また年々進歩するが、監査役が必ずしもこれに明るいとは限らないこともあり、利害関係者が多数に上る大会社では会計監査人の設置が強制される。

　(i)　会計参与

　会計参与は取締役と共同して株式会社の計算書類等を作成する機関である（会社法374条1項）。会計参与は、会計に関する職業専門家である税理士、税理士法人、公認会計士、監査法人が就任することができる。会社法上、どのような株式会社にも設置することができるが、主に中小企業の会計の適正化、透明化に貢献している。

　(2)　**経営機構の進化**

　これまでみてきたように、従来の株式会社では取締役会で選任された代表取締役が業務執行にあたり、取締役会や監査役が監督監査する経営機構を有しているが、この経営機構では、本来、取締役会の監督下にある代表取締役が、事実上、株式会社のトップとして取締役会を牽引する形となり、代表取締役が不適切な経営を行っても違法でない限り誰も止めることができないという不安があった。

　このため、代表取締役の権限を分散することを図り、第三者の視点から経営に参加する社外取締役を過半数とする、役員人事、役員報酬、監査に関する委員会を設置する指名委員会等設置会社（会社法2条12号）が設けられた。指名委員会等設置会社では、業務執行は取締役会が選任する執行役に委ねられ、取締役会は監督機関に特化する。現在では、主に、海外投資家が投資するグローバル企業を中心に採用されているが、導入した株式会社は少数に止まっている。

　また、平成26年会社法改正により、これに加えて、取締役会の内部に監査等委員会を設置する会社として監査等委員会設置会社（会社法2条11号の2）が設けられた。監査役に代えて取締役である監査等委員を設置し、監査のみ

ならず取締役の選任及び取締役の報酬等について意見を述べることができる点に特徴がある（会社法399条の2）。こちらは証券取引所に上場する株式会社を中心に導入が進んでいる。

なお、令和元年改正により、指名委員会等設置会社及び監査等委員会設置会社に限らず、上場会社などでは社外取締役を設置しなければならないとされた（会社法327条の2）。

(3) 役員に対する責任追及

このように、株式会社では、役員等の職務執行等に対する監督監査が行われているが、それでも役員等の不祥事は起きる。

この場合、株式会社が責任ある役員等に対し、委任契約上の債務不履行として損害賠償を請求することが認められている（会社法423条）。この場合、業務監査権限のある監査役は、株式会社を代表して訴訟を行う。

しかし、役員等がなれあい、その役員に賠償請求を行わないことが考えられる。そこで、会社法は株主に株式会社を代表してその役員に対し賠償請求訴訟を提起する株主代表訴訟を認めている（会社法847条）。

過去には、金融機関のニューヨーク支店の行員が会社で定められている上限額を超えて取引をし、その金融機関に多額の損害を与えた事件で、取締役に対しリスク管理体制が実質的に機能していなかったとして多額の損害賠償を命じた事例もある（大和銀行事件、大阪地判平12・9・20判時1721号3頁。第1審判決後に和解成立）。

ただ、このような多額の賠償を命じても、個人には私財がなく賠償能力に欠けるし、そもそも今後株式会社の役員の成り手がいなくなるおそれもある。会社法では、役員の賠償責任を全部免除するには、株主全員の同意が必要（会社法424条）とされているが、株主が少人数の株式会社ではまだしも、上場会社など株主が多数の株式会社で総株主の同意を取り付けることは事実上不可能である。

そこで、会社法は①株主総会の特別決議による一部免除（会社法425条）、②定款の規定に基づく取締役会の決議等による一部免除（会社法426条）、③業務執行をしない役員につき、定款の規定に基づいてあらかじめ契約を締結することによる一部免除（会社法427条）、を認めている。

第 4 節　会社と証券取引をみる

1　金融商品取引での情報の重要性

　会社が事業活動を行うには、元手となる資金が必要である。事業が拡大するにつれ、必要となる資金も多額となる。そこで、会社は資金調達の必要に応じて、株式や社債等を投資家に向けて発行し、資金を得る。

　投資家は、このような会社の資金需要に応え、投資を行うのであるが、投資は常に成功するとは限らない。投資は自己責任である。このため、投資家は、投資に際し、細心の注意を払い、投資内容の情報を分析する。しかし、投資家は発行会社の情報を信頼するしかないが、もし、発行会社や販売会社が株式や社債等を販売したいために、情報が虚偽であったり、必要な情報を隠匿していたりされていると、投資家は誤った投資判断を行ってしまう。そこで、投資家保護のため、発行会社から必要な、かつ、適正な情報を提供させる必要がある。

2　資本市場

　会社は株式や社債を発行して投資家から資金を調達しようとするが、投資家は自ら利益を得る目的で株式や社債を保有するのであるから、機動的に株式や社債を第三者に売却し、その資金を別の投資先に振り向けることができなければ、株式や社債等に投資することはないといえる。

　そこで、株式や社債等を発行して投資家に取得してもらう発行市場と、投資家が取得した株式や社債等を売却する流通市場が必要となる。この発行市場と流通市場をあわせて資本市場という。

　発行市場は、株式や社債等を発行する会社が主幹事証券会社等を定め、その主幹事証券会社等が希望する顧客に販売する手法が取られる。これに対して、流通市場の代表格は取引所である。証券取引所で取引される株式や社債などを上場有価証券といい、売り手と買い手の希望価格や数量をコンピューター上で突き合わせ、売買が行われる。

　上場する株式を発行している株式会社のことを上場会社という。上場には株主数、株式数、時価総額、会社の管理体制等の基準をクリアしなければな

らないことから、上場会社には社会的に信頼が置かれる。

3　情報開示

　上場会社など一定の有価証券を発行している会社には、投資家が十分な投資判断を行うことができるよう、金融商品取引法により情報開示が求められている。

(1)　発行開示

　新たに有価証券を発行する有価証券の取得者を募集する場合、または既に発行されている有価証券の売出しをする場合に、その取得の申し込みの勧誘を行う相手方が50名以上の場合など一定の基準に該当するときは、有価証券の内容、有価証券を発行する者が属する企業集団とその会社の事業内容や財務状況等を明らかにするため、発行・売出価格が1億円以上の場合には有価証券届出書を内閣総理大臣あてに提出しなければならない（金融商品取引法4条1項）。

　有価証券届出書は、届出の受理の日から5年間（参照方式の届出書は1年間）公衆縦覧に供される。インターネット上のEDINETを用いることにより誰でも縦覧することができる。

　これに対して、発行・売出価格が1,000万円超から1億円未満の場合には有価証券通知書の提出が必要であるが、有価証券通知書は行政監督の観点から提出を求めるものであり、開示書類ではなく、公衆の縦覧には供されない。

　また、有価証券の募集または売出に際しては、有価証券届出書記載の情報に基づいて発行者が目論見書を作成し、投資者に直接交付しなければならない。

(2)　継続開示

　流通市場で取引される有価証券の発行者は、発行者が属する企業集団とその会社の事業内容や財務状況等を定期的・臨時的に開示することが求められている。

　代表的な開示書類には、有価証券報告書がある（金融商品取引法24条1項）。有価証券報告書は、事業年度終了後3か月以内に作成し、内閣総理大

臣に提出しなければならない。有価証券報告書には、「企業の状況」「事業の状況」「経理の状況」などさまざまな情報が記載されている。

　このほか、四半期報告書、半期報告書、臨時報告書などがあり、いずれも有価証券届出書と同様に公衆縦覧に供される。

　なお、決算の概要を投資家に開示するため、決算短信がある。

(3)　**虚偽開示**

　有価証券報告書等の重要な記載に虚偽がある場合、または重要な事実が記載されていない場合には、発行会社は、民事責任、刑事罰、課徴金納付の責任を負う。これにより、有価証券報告書等の記載が真実であるとの担保がなされている。

　民事責任としては、投資家の損害を賠償する責任がある（金融商品取引法21条の2）。この責任は無過失責任とされ、投資家は発行会社の故意または過失を立証する必要がない。また、損害賠償額についても、損害額の推定規定が置かれており、投資家がその推定額を超えて損害を被ったことを立証した場合には、損害賠償責任限度額までの範囲で発行会社は賠償しなければならない。他方、有価証券報告書等に重要な虚偽の記載があることを知っていた悪意の投資家には適用されないほか、発行会社が投資家の損害額の全部または一部が有価証券報告書等の虚偽記載以外の事情による損害であることを立証した場合も賠償の対象とはならない。

　刑事罰としては、有価証券報告書への虚偽記載では法人には7億円以下の罰金（金融商品取引法207条）、個人には10年以下の懲役または1,000万円以下の罰金、またはその併科とされている（金融商品取引法197条1項1号）。

　課徴金とは、違法行為により得た経済的利得に相当する額を、内閣総理大臣から委任を受けた金融庁長官が納付させる命令を行う制度である（金融商品取引法185条の7）。

4　不公正取引の禁止

　一部の投資家や会社が不公正な証券取引を行い得る市場であれば、一般の投資家は不利であるから流通市場を信頼して証券取引をすることはできず、結局は流通市場の発展を阻害することとなる。このため、金融商品取引法は

不公正取引の類型を定め、罰則等をもって禁止している。

　不公正取引の代表例がインサイダー取引である。インサイダー取引とは会社関係者等が、会社の重要事実を知ったうえで、その重要事実が公表される前に証券取引をすることをいう（金融商品取引法166条）。この会社関係者等とは、その会社の役員や従業員に限られるものではなく、要件を満たす大株主、法令に基づく権限を有する者、顧問弁護士等、当該会社の契約先等、さらにこれらの地位から退いて１年以内の者が含まれる。これらの会社関係者等、及び会社関係者等から情報を伝達された情報受領者も、重要事実の公表前の証券取引が禁止される。

　また、このような会社の内部者に止まらず、公開買付（TOB）において公開買付者と一定の関係を有する公開買付者等関係者と、公開買付者等関係者から情報を伝達された情報受領者は、TOBの実施または中止に関する事実の公表前に、実施の場合はその上場株式等の買付、中止の場合にはその上場株式等の売付が禁止される（金融商品取引法167条）。

第5節　会社と税をみる

1　租税とは

　国や地方公共団体は、国民にさまざまな公共サービスを提供しているが、この公共サービスを実施する資金を調達する必要から、租税を課している。また、租税には所得の再分配機能もある。つまり、豊かな者より多くの租税を徴収し、必要な者に社会福祉給付を行うことで、富の分配状態を是正しようとしている。

　憲法は「国民は法律の定めるところにより、納税の義務を負う」（憲法30条）、「あらたに租税を課し、又は現行の租税を変更するには、法律又は法律の定める条件によることを必要とする」（憲法84条）と規定している。これは公共サービスを実施する資金を国民から国家に移転するものであるから、法律の根拠なしに国民は租税を賦課されることはないという、租税法律主義を明らかにしたものである。

2　事業体の納税義務

　ビジネスを行う事業体も納税義務を負っている。租税にはさまざまな税目があり、①国税・地方税、②内国税・関税、③直接税・間接税、④普通税・目的税、などに分けられるが、ここでは代表的な税を紹介する。

(1)　所得税・法人税

　まず、ビジネスから得られる利益に対する国税として、自然人には所得税、法人には法人税が課せられる。いずれも、事業体が自ら作成した会計帳簿等の記載に基づき、収益と費用から利益額を算出し、ここから所得税法・法人税法の規定に従って計算された額を課税所得として税務署に申告し、納税する。自然人の場合は、毎年 1 月 1 日から12月31日までの 1 年間分につき翌年 3 月15日までに確定申告することとされている。これに対し、法人では、法人が自ら定めた事業年度分につき、原則として事業年度終了後 2 か月以内に確定申告することとされている。確定申告期限までに申告しなかった場合は無申告となるが、自発的に期限後申告をすることはできる。また、申告後、申告に誤りがあった場合、自発的に修正申告をすることができる。いずれも税務署等の課税庁が税務調査を行った後に申告するとなると、加算税が課される。なお、期限までに納税しなければ、延滞税が課される。

　この所得税・法人税には「白色申告」「青色申告」の区別がある。青色申告とは、一定の帳簿書類を備え付け申告することを税務署に届け出て、承認を受けて申告する制度である。それ以外の白色申告に比べ、さまざまな特典が与えられており、一定の帳簿書類に基づいた正確な申告を奨励するという意味あいがある。もっとも、会社法が計算規定を置き、計算書類の作成を義務づけていることもあり、ほとんどの法人は青色申告を行っている。

(2)　事業税

　事業体は地方税として事業税や住民税の納税義務がある。このうち事業税は都道府県の地方税である。もともと事業税は公共サービスから受ける利益の対価と考えられ、所得より法人の規模を課税標準とすべきであるという考え方があった。さらにバブル経済崩壊後、赤字法人が増加し、都道府県の税収が落ち込んだこともあり、平成15年に資本金が 1 億円を超える法人については、所得だけではなく、付加価値割、資本割を加えた外形標準課税が導入

された。

⑶　消費税

　消費税は物品やサービスの消費に担税力を認め課される租税である。消費者がコンビニやファストフードで消費したときに本体価格に消費税が含まれていることから、消費者が納税しているような感覚になるが、国内取引については事業体が納税義務者であり、輸入取引については課税貨物を引き取る者が納税義務者となる。なお、消費税とは、正確には消費税と地方消費税の総称である。

3　エンティティ課税とパススルー課税

　このようにビジネスから得られる利益に対する国税として、自然人には所得税、法人には法人税が課せられる。しかし、この法人の範囲はどのように定められているのか。

　我が国では、組織体のうち構成員とは別個に納税義務を負担させることが相当であるものにつき法人としてその所得に課税することを規定している（エンティティ課税）。法人について租税法には定義がなく、人格なき社団等、私法上の定義と同義に解される。

　これに対し、租税法上、出資者とは別個に納税義務を負担しない組織体の場合、組織体の所得は各出資者に直接に帰属するものとして、各出資者に課税される（パススルー課税）。組織体の所得がマイナスの場合、各出資者にはマイナスの所得が帰属することから、各出資者の固有の所得と損益通算が認められる場合、各出資者の所得は減少し、納税額も減少する。

　このため、海外の組織体に、投資利益よりも納税額軽減効果を狙った投資（いわゆるタックスシェルター）が行われ、この投資にパススルー課税が適用されるか否かが問題となった判例（最判平27・7・17民集69巻5号1253頁）がある。

4　租税回避

　租税法律主義から、租税法には成文性が求められる。また、納税義務が成立するための要件である課税要件と賦課及び徴収の手続は租税法に定められ

なければならない。しかし、租税法があらゆる経済活動や経済現象を想定して課税要件を定めることはできず、租税法が定める課税要件は、経済活動や経済現象を定型化したものである。

　ところが私法の世界では、私的自治の原則、契約自由の原則が認められているから、同じ経済的結果を得ることができる場合に、複数の法形式が選択可能である場合も少なくない。ところが法形式の選択により課税要件の充足を免れることがあり、このような場合に通常であればその法形式の選択することに合理性が認められないにもかかわらず、その法形式を選択することにより税負担を免れることを租税回避という。

　このように租税回避は課税要件の充足を回避する行為であり、課税要件の充足の事実を秘匿する脱税とは異なる。租税回避行為があった場合に、通常であれば選択される法形式により課税要件が充足されたものとして課税する租税回避行為の否認が考えられる。例えば、法人税法には、一般的規定であるが、同族会社の行為計算の否認の規定がある（法人税法132条 1 項）。

5　タックス・ヘイブン

　法人所得、法人の特定種類の所得に対する税負担が低い国や地域をタックス・ヘイブン（租税回避地）という。我が国の法人税は法人の海外支店などからの所得を含め全世界所得に対して課税されるが、他方、海外現地法人の所得は我が国の法人税の課税対象とはならない。これを利用して、我が国の法人税負担の軽減を図り、タックス・ヘイブンに現地子法人を設け、経済活動を行うことがある。タックス・ヘイブンでは法人設立が容易であり、なかにはスタッフも置かないペーパーカンパニーであることも珍しくない。タックス・ヘイブンに子法人を設けること自体は違法ではなく、法人税法は一定の要件に該当する現地子法人の所得を我が国の親法人の所得と合算して課税する対策をとっている。

6　移転価格

　企業グループ内で国内外に法人を設立している場合に、その法人間の取引で、第三者と通常行われる取引としての価格（独立当事者間価格）と異なる

価格を用いることがあると、取引者間で所得が移転することとなり、本来あるべき所得とは異なる結果となる。これが国際取引で行われると、それぞれの法人が納税する国の税収にも影響が生じることとなる。これが移転価格問題である。このため、このような場合には独立当事者間価格で行われたものとして課税が行われることとなる。

第6章　消費者保護と法の世界（欠陥商品に対する法）

　現代社会では、企業が高度な技術を用いて大量に製品を生産している。そして、その製品を使用する消費者は、生産者が提供する情報に頼るだけで、技術内容などの十分な知識を持ち合わせないまま企業を信じ、製品の安全性を期待しているのである。しかし、企業が製品の安全性について、いかに配慮をし対策を講じたとしても、日々高度化する技術を駆使した製品においては欠陥商品の生まれる危険性を否定することはできない。また、大量生産、大量消費の中で、その被害も大規模なものとなる恐れがある。このような状況下、法が欠陥製品による被害に対してどのように対処していくかは重要な問題となる。

第1節　製造物に対する責任の法理

1　契約責任に基づく製造物責任

　日本の民法では、契約当事者たる売主、買主はともに合理的に行動する者であり、その間で行われる契約は当事者双方の責任において自由に成立するものとの大前提がある。公序良俗に反しないかぎり、当事者双方の意思表示が合致した内容で売買契約は合法的に成立する。したがって、この契約を履行日に履行しない（履行遅滞）、契約の本旨に従った履行をしない（不完全履行）、履行できない（履行不能）場合には、債務不履行として買主である消費者は損害賠償の請求（民法415条）、契約の解除（民法541条、542条）ができる。

　また、売買契約では、売主は契約の内容に適合する目的物を買主に引き渡さなければならない。このため、欠陥商品を買主の消費者に引き渡すことは契約の内容に適合していない商品を引き渡すことにほかならないから、売主である企業は契約不適合責任を負い、債務不履行にあたる。

　この場合、種類、品質または数量に関して、買主は売主に対して、商品の修補、代替物の引渡しによる履行の追完を請求することができる（追完請求権、民法562条）。但し、売主は買主に不相当な負担を課するものでないとき

は、買主が請求したものと異なる方法で履行の追完をすることができる。

　また、相当な期間を定めてこの追完を求めたにもかかわらず、売主が追完をしないときは、その不適合の程度に応じて代金の減額を請求することができる（代金減額請求権、民法563条）。履行の追完が不能であるとき、売主が履行の追完を明確に拒絶したとき、契約の性質上または当事者の意思表示により、特定の日時または一定の期間内に履行しなければ契約の目的を達することができないのに、その期間内に追完がなかったとき、その他追完を受ける見込みがないことが明らかなときは、直ちに代金減額請求権を行使することができる。

　また、売主は債務不履行であるから、追完請求権や代金減額請求権の定めにかかわらず、契約を解除したり、損害賠償を求めたりすることができる（民法564条）。

　このように、製造者と消費者との間に直接の契約関係がある場合には、契約法理上の責任を追及できる。この伝統的な契約責任は、消費者取引においては直接の購入先である小売業者に問うことになり、契約上の責任は取引段階を遡って求償される。

　しかし、実際には契約責任の法によって欠陥商品の被害に対応するには限界がある。

　また、人身被害の救済という点においても限界がある。

2　不法行為責任

　現代の市場経済にあっては生産と消費とが分離し、流通段階の作用が不可欠なものとなっている。製造者と消費者が直接の契約関係にない場合で、製品に何らかの欠陥があって、その製品を購入した者がけがをしたようなとき、消費者は製造物に対する責任を製造者に問えるだろうか。

　民法709条は、「故意または過失によって他人の権利又は法律上保護される利益を侵害した者は、損害賠償の責めに任ずる」と規定している。（過失とは、被害の発生が予見できたにもかかわらず、その被害の発生を回避すべき義務に違反して結果を発生させることをいう。）この規定は、過失責任の原則を定めたものであり、加害者と被害者との間に契約関係があるなしにかかわらず適

用される点で適用範囲が広く、企業の欠陥製品により発生した消費者損害に対する責任は、不法行為としての責任を問うのが一般的である。要するに、契約当事者の商取引での関係に基づく行為としてではなく、他人に対する利益の侵害行為という見解である。不法行為に当たるとする場合には、民法上の責任以外に、刑事上の責任を問われることがある。

　被害者が民法709条に基づいて製造者の責任を追及するためには、①製品に欠陥があったこと、②故意または過失があったこと、③被害者の損害と欠陥との間に因果関係があったことが要件となる。そしてこれらの要件は、被害者が立証し、主要事実として裁判所に提出しなければならない。しかしながら複雑な現代社会において製造者の過失の存在や、それによって生じた被害との因果関係を立証することは被害者にとって実際上困難な場合が多い。

第2節　製造物責任法（PL法）

　近年、世界の先進国では、製造物の欠陥から生じた被害に対して、製造者に非常に厳しい責任を課す傾向にある。とくに過失を問わずに製造者の責任を認める無過失責任化の動きが、判例や立法を通して広がってきている。

　これは、現代の生産と消費が完全に分離し、複雑高度化した商品による拡大被害が多発する経済社会の変化を、従来の個人対個人の市民法は予想しておらず、この社会情勢の中では過失責任主義を堅持していくことに無理があり、法的不公平を是正する必要が生じたためである。いいかえれば、伝統的な過失主義に基礎を置く責任の範疇を超えた社会的義務としての責任を企業は負うことになる。

1　厳格責任

　製造物責任を定義するなら、「通常備えるべき安全性を欠く製品によって、その製品の使用者または第三者が生命・身体または財産に被害・損害を被った場合に、その製造・販売に関与した者、特に製造業者が負うべき特別の損害賠償責任」ということになる。**製品の欠陥責任という新しい無過失責任の形態が、不法行為責任の枠を超えて形成されるに至ったのであり、この無過失責任を厳格責任（Strict Liability）とも呼ぶ。**（製造者が無過失責任を負

う根拠としては、製造物に欠陥があることは消費者期待基準を裏切ったことであり、そのような信頼を裏切ったような物を自己の意思で製造し流通においたのだから、欠陥そのものについて故意・過失がなくても信頼責任として損害賠償を負うべきであるという「信頼責任」の説がある。厳格責任は、製品による被害の救済のため過失を客観化し、被害者の因果関係などの立証の負担を軽減する判例の中で形成されたものである。）

　厳格責任のもとでは、製品の使用者が、製品に何らかの欠陥があったためそれが原因で身体や財産に被害を受けた場合、被害を受けた使用者は法廷で「製品の欠陥と損害との間に因果関係がある」ことだけを申し述べればよいが、製造者は「製品を製造する過程で過失がなったことおよび製品の正常な使用ではそのようなことは起り得ず、使用者に大きな過失があった」ことを自ら立証しなければならない。従来の過失責任主義であれば、被害を受けた側が、自分の受けた被害と製造者側の製造過程で過失があったために製品に欠陥を生じたこととの因果関係を立証しなければならなかった。

　製造物責任理論における厳格責任の合理性の根拠としては、①消費者は製造者から与えられる安全性や有用性についての情報によって商品の選択をせざるをえない、②製品の高度技術化によって知識や情報をもたない消費者が製造者の過失を立証することはきわめて困難である。③製造者は製品によるこの不可避的損失や保険料を負担しても、そのコストを製品価格に上乗せし、消費者全体にその負担を広く分散することができる（Loss spreading）、④製造者は欠陥製品の製造による高額な賠償金の支払いを避けるべく、また市場原理の上からも安全な製品の開発に努めるであろうから、損害発生に対する抑止機能が働く、⑤事故のコストが保険料や賠償金の支払いを通じ製品のコストに上乗せされる（事故費用の内部化）ため、消費者はその製造物に伴う安全性の確保まで含めた費用を容易に認識することができ、賢明な製造物の選択を行うことができるなどがあげられる。

2　欠陥

　製造物責任法では、「過失」ではなく「欠陥」が責任要件となるが、厳格責任論における欠陥は、設計上の欠陥（design defects）、製造上の欠陥（man-

ufacturing defects）、警告・表示上の欠陥（defective warnings）の３種に分類
される。設計上の欠陥とは、設計の段階でいかに製品の安全を考えたかとい
うことが問題となり、具体的には、安全にかかわる関係法規や業界が指導す
る業界安全基準に合致していないもの、さらに、同業他社製品で法令を超え
て採用している安全基準があればそれと同程度水準以下のものも欠陥とされ
る。製造上の欠陥は、製造工程の段階で発生し、予定した設計基準や仕様書
内容に合致していないというものであるが、その原因には技術の不足、品質
管理の不十分、材質不良などが考えられる。警告・表示上の欠陥では、製品
の取扱説明書や警告ラベルの不備が欠陥とされ、さらに、販売パンフレット
や販売員の説明不足なども問題となる。

　また、欠陥の種類ではなく、欠陥があると認定する判定基準として、消費
者期待基準、危険効用基準、標準逸脱基準がある。消費者期待基準は、通常
の消費者が合理的に期待する安全性が欠如している製品は欠陥製品であると
する。消費者の知見のレベルは一様ではなく判定基準としては不明確である
が、消費者の立場に立って欠陥の有無の判定要素を考慮するという姿勢には
意義が認められる。危険効用基準は、製品のもつ有用性（utility）と危険性
（risk）を比較し、危険のほうが大きいと判断されるときには欠陥の存在を認
定するというものである。標準逸脱基準とは、問題になっている製品が同一
の生産過程において製造された他の製造物が備えている安全性を備えていな
いとき、製品が正常の状態から逸脱しているとして、その製品に欠陥がある
と推定するものである。

第7章　国際法の世界

　国際社会には約200の国がある。国際法は、そのすべての国に通用する法である。国際社会の法ともいえるし、国と国の関係を規律する法ともいえる。それぞれの国が独自の国際法を持っているのではなく、どの国にも同じ国際法が通用しているため、どのような国でどのような言語を使って学んでも、その内容に違いはない。つまり、国際法を知ることで、他国の人と一緒に、同じ知識を使いながら国際社会の諸問題に取り組むことができるということである。

　では、その「国際法」とは、どのような法か。本章では、国際法の全体像をつかむとともに、個別具体的な国際法を理解するために必要な基本事項を中心に確認したい。国際法の対象は、人権、環境、貿易、犯罪、武力紛争、海洋、航空、宇宙、文化遺産など、実に幅広い分野に及んでいることから、国際社会で起こる事象すべてが国際法と関連しているといってもよいくらいである。ここではそのすべてを取り上げることはできないが、読者自らが関心を広げ、国際社会について理解を深めていくことを期待したい。

第1節　国際法とは

1　国際社会の特徴

　「社会あるところ法あり」という法格言が示すように、社会と法は切り離すことのできない関係にあることから、どのような法が社会に通用しているのかをみることで、そこがどのような社会であるのかを理解することにつながる。では、国際法が通用している国際社会とは、どのような社会なのだろうか。

　国際社会は、分権的な構造の社会である。主権国家という、平等・対等な関係性を持つ主体により構成される社会であり、その諸国の上位に置かれる統治機構を持たない。国際法を作る集権的な立法機関（議会）もない。そう説明すると、「国際連合（国連）があるではないか」という疑問を持たれることも多いが、国連は国際組織の一つであって、諸国の上位にある中央集権

的な統治機構ではない。

2　国際法の歴史

　現在私たちが「国際法」と認識している法は、16世紀ごろから形成されてきたといわれる。ヨーロッパを中心とする社会において形成された近代国際法は、2度の世界大戦を経て、世界的に通用する現代国際法としてさらなる発展を遂げ、今に至っている。

　1648年のウェストファリア条約などを通じて、ヨーロッパでは主権国家による社会が構築され、国家間の関係を規律する法として、いわゆる「ヨーロッパ国際法」が形成された。18〜19世紀には、産業革命の影響を受けて国際交流が拡大するにつれ、ヨーロッパ国際法は世界へと妥当範囲を広げていき、近代国際法はさらに発展していく。貿易や領事関係など国家間の共存を図るための活動が増え、その活動を円滑にするための国際組織が設立されるなど、社会の変化に応じて、また、多国間条約を通じて、国際秩序は整えられていった。

　第一次世界大戦以降は、大規模かつ深刻な被害をもたらした戦争を教訓として、諸国間の戦争をいかに防ぐかということについて議論されるようになり、戦争の違法化が進んだ。残念ながら第二次世界大戦を防ぐことはできなかったが、戦後は、国連の設立条約である「国際連合憲章（国連憲章）」（1945年）において武力の行使が一般的に禁止され、戦争の違法化が実現した。また、自決権が尊重される時代となり、欧米諸国による植民地政策は否定され、1960年代以降、多くの独立国が誕生した。これらの国は、いわゆる途上国として国際社会の多数派を形成するようになり、国際法の作り手という立場になったことで、新たな国際秩序の構築に関する主張を強めた時期もあった。こうして、国際法は、世界に妥当する法として発展してきたが、さらにこれからも、国際社会の変化に対応しながら、その内容が拡充されることとなる。

3　国際法と国内法

　自国の国内法も、他国との合意の下に成立した国際法も、国にとっては遵

守すべき法であることに変わりはない。したがって、国内法と国際法が矛盾するような場合、国は、どちらの法を優先すべきか考えなくてはならなくなる。ただし、国際関係においては、国際法を優先するのが原則である。国は、国際法上の義務を免れるために国内法を理由としてはならない（国内法援用禁止の原則）。国際法に矛盾する国内法を優先することがあれば、その国は国際法違反として国家責任を負うことになる。国際法と国内法の関係は、理論上の問題というだけではなく、現実として国が適切に対処しなくてはならない問題なのである。

　理論上、国際法と国内法の関係については、大別すると、一元論と二元論で論じられてきた。二元論は、両者がまったく別個の法秩序を形成していて抵触することはないと考えるが、一元論は、両者が一つの法秩序の中にあるとした上で、国際法と国内法のいずれが上位になるかによって、国際法優位の一元論と国内法優位の一元論に分かれる。現在では、一元論でも二元論でも現実を十分に説明できないとして、調整理論が有力視されている。この理論は、国際法と国内法は別々の法秩序であると考えるが、義務については両者の抵触が考えられることから、その場合に国は義務の調整を図るべきという考え方である。

　実際の対処としては、国は、国際法を国内法に受容した上で、国内的効力を国際法に認め、適用することになる。受容には、国際法をそのまま受け容れる一般的受容方式と、国際法を国内法の形にしてから受け容れる変型方式がある。国によって制度は異なるが、日本の場合は一般的受容方式をとっている。また、受容した後に、国際法が国内法の中のどこに位置づけられるかという序列の問題についても、国により制度が異なる。憲法よりも上位に国際法を位置づける国は稀で、多くの国が国際法を、憲法より下で法律より上、若しくは、法律と同等、とする。

第 2 節　国際法の主体

1　国際法の主体とは

　国際法の主体とは、国際法に定められる権利や義務が帰属する者のことをいう。その中心的存在は、国である。

　近代国際法においては、国のみが国際法主体とされていた。しかし、第二次世界大戦後の現代国際法の発展に伴い、国際組織や個人などの非国家主体にも、国際法主体性が認められるようになった。ただし、国が生得的な国際法主体であるのに対して、国際組織や個人は、あくまでも国が作る国際法上の権利や義務が与えられる限定的な国際法主体に過ぎず、同じ国際法主体であるといっても、国とそれ以外とではその性質が異なる。

　ほかに、NGO（非政府機関）に国際法主体性があるかどうかが議論される。一般的に、NGO はいずれかの国の国内法に基づき設立されている民間団体であるが、その専門性や活動の国際性に鑑みて、国際法主体とみてよいのではないかという考え方もある。国連のような国際組織の中で、また、地球規模の課題に取り組む活動において、NGO が国際法の形成にも影響を与える場合もあり、その存在感を増しているため、NGO と国際法とのかかわりには注目すべき面もある。

2　国家

(a)　国の要件

　国は、4つの要件（住民、領域、政府、他国と外交関係を取り結ぶ能力）を具える国際法主体である。国には様々な形態があり、日本のような単一国家もあれば、アメリカのような連邦制の国もある。人口の多さ、領域の広さ、軍事力や経済力など、国にはそれぞれ違いがあるが、いずれも主権国家であり、相互に独立している。

(b)　国家承認

　国は、独立したり分裂したりして、形態に変化が生じることがある。新しい国が誕生した際、既存の国により国家承認が行われる。国家承認を経て、承認国（既存の国）と被承認国（新しい国）は同じ国際法主体同士としての関係を築くことになる。国家承認した国との間では、国際法は完全に適用される。

　国家承認は、承認国の裁量による一方的行為であって、被承認国から要請されて行うことではなく、また、新しい国が誕生したからといって、国際法上、国家承認を行う義務はない。したがって、ある新しい国に対し、国家承

認をする国としない国が存在することになる。新しい国が国連のような国際
組織に加盟することで、既存の加盟国により国家承認されたとみなすという
考え方もあるが、これを認めるか否か、意見は分かれる。

(c)　国の基本的権利義務

国はそれぞれ主権を有している。主権は国にとって最重要の権利であり、
他国の主権侵害は国際法違反となる。国の基本的権利の中でも中心的な権利
ではあるが、絶対的なものというわけではなく、主権は国際法により制約さ
れる場合もある。

主権は、対外的側面と対内的側面からとらえることができる。対外主権と
は、国が他国からの支配を受けることなく、自国の意思決定を行う権限を意
味する。他国との関係でいえば、国は、互いに独立していて（独立権）、主
権をもつ者同士として平等・対等であり（主権平等原則）、互いの国内問題に
対して干渉してはならない（不干渉原則）。一方、対内主権は、自国領域内の
人、物、出来事などに対して、国が排他的に統治できるということを意味し
ており、国家管轄権はここから導き出される。

(d)　国家管轄権

国家管轄権とは、国が立法し、その法を適用、執行するという、統治の権
限のことをいう。国家管轄権の行使は、次のような国際法上の根拠によるこ
とが必要である。属地主義は、国が領域に対して主権を持つことを前提に、
その領域内の人や物、出来事などに対して管轄権を行使できるとする。した
がって、領域内にいる外国人に対しても、その領域国の属地的管轄権が及
ぶ。属人主義は、国が自国の国籍を有する人（自国民）の行為や財産につい
て管轄権を行使できるとする。自国民が外国にいても、国籍という法的なつ
ながりがあるため、国は属人的管轄権を持つ。ただし、属地的管轄権と属人
的管轄権が競合する場合には、原則として前者が優先される。国が外国領域
の中で管轄権を行使することは、当該外国の主権を侵害することになる。他
に、保護主義（国の重要な利益を侵害する行為をした者に対して、その者が外国
人でも、行為が外国で行われた場合でも、管轄権を持つ）、普遍主義（国際社会
の重要な利益を侵害する行為をした者に対して、どの国も管轄権を行使できる）
などの根拠に基づき、国は管轄権を持つ。

　一方で、国際法上、自国の領域内であっても管轄権を行使できない場合がある。その一つが、国家免除（主権免除）である。国は、外国の裁判権から免除されるという原則である。「対等なる者は対等なる者に対して支配権を持たない」という法格言にもあるように、国家同士は主権国家として平等・対等であることから、国は外国を自国の裁判所で裁くことは原則としてできない。また、外交関係・領事関係の国際条約に基づき、外交官や領事は、一般の外国人とは異なる特権が与えられ、派遣先の国の管轄権が免除される。例えば、外交官には身体の不可侵が認められており、派遣先の国は外交官を抑留し又は拘禁することができない。

3　国家以外の主な国際法主体

(a)　国際組織

　国際組織は、国をその構成員とし、設立文書（設立条約）に基づき構成される組織である。特定の目的をもって活動し、その任務を遂行するための機関（理事会、総会、事務局など）を持つ。設立文書には組織の権限や義務が定められているが、国際組織は、明文規定がなくても、その任務遂行に不可欠な黙示的権限を有しているとされる。国際組織には、国連のように、加盟資格がすべての国に開放されており、政治・経済・社会など幅広い活動分野を持つ一般的組織もあれば、国連教育科学文化機関（UNESCO：ユネスコ）なら科学・教育・文化、世界保健機関（WHO）なら保健・衛生というように、特定の分野の活動を行う専門的組織もある。

(b)　個人

　20世紀初頭までは、近代国際法の下で国際法主体は国のみとされ、個人には国際法主体性は認められていなかった。現在では、個人に国際法主体性を認めるかどうか、認めるとして、どの程度広くその主体性を認めるかについて意見が分かれる。国際法により個人の権利義務が規定されていれば個人の国際法主体性を認めるという実体法説、個人の権利義務が規定されているだけでは足りず、その実現のための手続も国際法上規定されていることが必要であると考える国際的手続説などの学説がある。実際には、個人の人権が国際条約により保障され、国際法違反の犯罪を行った個人には国際刑事裁判所

（ICC）での裁判を経て刑罰が科されるなど、個人を国際法が直接規律する場面が増えてきているのが現状である。

第3節　国際法の法源

　国際社会には、統一的な立法機関がない。では、国際法は、どのように作られ、どのような形式で存在するのだろうか。国際司法裁判所規程（ICJ 規程）38条1項には、条約、慣習国際法、法の一般原則、判決、学説が、裁判において適用される国際法として挙げられている。このうち、判決と学説については、あくまでも裁判における法則決定の補助手段とされており、これら自体が適用可能な法というわけではない。

1　条約

　条約とは、国と国の間において文書の形式で締結され、国際法により規律される国際的な合意である（条約法に関するウィーン条約（条約法条約）2条1項(a)）。国際社会には立法機関がないため、「合意は守られなければならない」という法格言にもあるように、基本的には国家間の合意事項が法規則となり、合意した国自身を拘束することになる。なお、条約は、国と国の間だけではなく、国と国際組織、国際組織と国際組織の間でも締結される。

　条約は、当事国のみを拘束する。非当事国である第三国は、条約に拘束されない。ただし、慣習国際法を法典化した条約の場合や条約が慣習国際法化した場合には、同じ内容の条約と慣習国際法が並存することになるため、条約の効果が（すなわち慣習国際法が）非当事国である第三国にも適用されることになる。

　多国間条約には、留保という制度が設けられることがある。留保とは、条約の特定の規定の自国への適用上その法的効果を排除し又は変更することを意図して、条約の批准などの際に国が単独で行う声明のことをいう（条約法条約2条1項(d)）。条約の普遍性を高めるには、なるべく多くの国に条約に参加してもらうことが望ましいが、特定の規定についてのみ受け入れられない事情があると、その国は条約に参加することを躊躇してしまう。そこで、条約の署名又は批准の際に、国は留保を宣言し、特定の規定が自国に対して

は適用されない、あるいは変更されるように条件を付けて、条約に参加することが認められる。しかし、多くの国がそれぞれ好きなように留保を付すと、条約の法としての一体性が損なわれてしまう。したがって、どのような留保でも認められるのではなく、条約の趣旨・目的と両立するような留保でなければ認められない。留保を認めない旨の規定を置く条約もある。

2 慣習国際法

国際法の重要な規則の多くは、慣習国際法として成立してきた。慣習国際法は不文法であるため、その内容や成立時期が不明確だが、法典化の作業を経て、条約の形で整備されたものも多い。条約法、海洋法、外交関係法などが、その例である。一方で、長い年月をかけて成立してきた慣習国際法が、今なお重要な法規則を提供している場合も多くみられる。国家承認や不干渉義務などがそれにあたる。

慣習国際法は、2つの要件が充たされることで成立するとされる。二要件とは、あることに関する国の実行が一般的・継続的な慣行として確立されていること（一般慣行）、そして、法による義務があるためにその慣行を実行するのだという国の信念が伴っていること（法的信念）である。一般慣行は、特別利害影響国を含む広範な国によって行われていれば足りるとされ、すべての国がその慣行に参加している必要はない。また、法的信念は、国際礼譲（法的義務ではない慣例や儀礼など）と区別するために、慣習国際法の要件として必要であると考えられる。

慣習国際法は、条約と同等であり、どちらかが法として上位ということはない。また、国際社会のすべての国を拘束する。ただし、一貫した反対国は慣習国際法に拘束されない。多くの国が法的信念を伴って慣行を継続している中、当初から反対の意思を示し続けていた場合、一貫した反対国として、その規則に拘束されないものと考えられている。

3 法の一般原則

法の一般原則は、諸国の国内法に共通する一般原則で、国際関係に適用可能なものをいう。国際法には立法機関がなく、国家間の合意に基礎を置くこ

とから、裁判の際に適用可能な条約も慣習国際法も存在しないということが起こり得る。そのため、裁判不能（non liquet）の事態を回避する目的で、1920年に「常設国際司法裁判所（PCIJ）規程」が制定される際、裁判での適用法の一つとして法の一般原則が導入され、ICJ 規程がそれを引き継いだ。

　法の一般原則の内容については明確でないところはあるものの、これまでに、「既判力」「何人も自己の不法行為から利得することを得ず」「信義則」などが法の一般原則に含まれると認められている。

4　ソフト・ロー

　ソフト・ローとは、法ではないが法のようなものとして諸国に受け入れられているものである。国際組織の決議、国際会議で採択されたり有志国により一定の目的をもって作られたりする合意文書などがそれにあたる。ソフト・ローは、一般的に法的拘束力を持たないとはいえ、成立に合意した国は比較的よく遵守する。そのため、国家間の関係を規律するという役割を十分に果たすものでもあり、条約よりも合意形成しやすいことから、むしろソフト・ローを中心に規律が整えられる場合も見受けられる。宇宙分野では、技術発展のスピードも速く、宇宙開発へのかかわりの程度が国により差があるといった背景から、新たな条約を作ることが難しくなっており、ソフト・ローが重宝されている。

　ソフト・ローの中でも、国連総会決議は、国際社会のほとんどの国が参加しての決議であるため、一定の法的役割を担うものとして注目される。決議により慣習国際法の形成が促されたり、決議がひな型となって、後に条約として採択されたりするなど、国際法の形成に影響することがある。

5　強行規範

　国際社会には集権的な立法機関がないため、国際法は国家間の合意を前提とする。だからといって、どのような内容の合意でも認められるわけではなく、一定の規範には従うべきとされている。それが、強行規範である。強行規範とは、逸脱することの許されない規範であり、国が合意によってその適用を排除することができないものをいう。

一般国際法の強行規範に反する条約は無効とされる（条約法条約53条）。国際法には従来、条約や慣習国際法といった法源に序列はないとされてきたが、この強行規範の概念が導入され、一種の上位規範として扱われるようになった。ただし、何を強行規範とするか、その内容は明確ではなく、現在は、武力行使禁止、ジェノサイド（集団殺害）禁止、奴隷取引の禁止、自決権などが強行規範の具体的内容と考えられている。

第4節　国の責任

　国際法上の義務に違反したら、その国にはどのような帰結が待っているのか。そのことを定めているのが、国家責任法である。国家責任とは、国際法上の義務に違反した国が負う責任のことである。国家責任法は、慣習国際法として発展してきた分野で、国家間の交流が密になった19世紀ごろから、国が外国人の権利を侵害した場合に、その外国人の本国から責任を追及されるという場面を通して形成されてきた国際法規則である。

　国家責任の国際法については、20世紀に入ると、法典化の作業が進められた。国の実体的な権利義務を定める一次規則は扱わず、一次規則に違反した場合の結果について定める二次規則についての議論が重ねられ、2001年に「『国際違法行為に対する国の責任』に関する条文（国家責任条文）」が採択された。国家責任条文に法的拘束力はないが、慣習国際法を反映した重要文書として尊重されている。

1　国家責任の発生

　問題となっている行為が国に帰属するものであるという主体的要件と、その行為が国際法上の義務に違反しているという客観的要件により国際違法行為が成立し、当該国際違法行為に対して国が責任を負うことになる。

　国とは抽象的な概念であり、問題となっている行為を実際に行うのは国家機関たる人である。国家機関は、国を代表して職務を遂行する人（公務員など）であり、その行為は国に帰属するとされる。一方、私人の行為であっても、国の責任が発生する場合もある。国が相当の注意義務に違反した場合である。国には外国人に対する侵害行為を防止するために相当の注意を払って

おく義務があるが、それを怠っていたために外国人が侵害行為を受けたという場合は、たとえその侵害行為が私人によるものであっても、義務違反により国が責任を負うことになる。また、私人の行為が、事実上国の指示による場合や、国がそれを自己の行為として認めかつ採用した場合には、当該私人の行為は国の行為とみなされ、国に責任が生じる。

　もう一つの国家責任発生の要件である、国際義務の違反とは、条約や慣習国際法などのいずれに基づくかを問わず、国の行為がその義務の要求に適合しないことをいう。

2　違法性阻却事由

　国の行為が国際義務に反するものであっても、一定の事由がある場合には、当該行為が違法とはみなされず、国家責任は発生しない。その事由のことを、違法性阻却事由という。国家責任条文には、6つが列挙されている。

　6つのうち、同意、自衛、対抗措置は、相手国による先行の行為に対応するためにとった行為が違法とはみなされず、責任を負わないというものである。それに対して、不可抗力、遭難、緊急避難は、国が抗うことのできないような外的事情によりとった行為について違法性を阻却するというものである。

3　責任の追及

　国が国際違法行為をしたことで国家責任が発生する。その責任を追及することができるのは、その国際違法行為により被害を受けた国である。被害国は、違法行為国に対して、国際請求を提起できる。直接の外交交渉や場合により国際裁判に訴えることも可能である。

　被害国以外でも、責任の追及が可能である。国際社会全体に対する対世的義務に違反する行為があったと考えられる場合には、被害国以外の第三国であっても、法的利益を持つ国として違法行為国に対し責任を追及することができる。

　国の国際違法行為により被害を受けたのが個人である場合は、その個人の本国（国籍国）が、違法行為国の責任を追及するために外交的保護権を行使

することができる。外交的保護権は、自国民が被った被害を自国への侵害とみなすことで相手国に対して発動できるとされる国の権利である。被害者である個人が、侵害されたときから本国による相手国への国際請求がなされるまでの間、本国の国籍を継続して有していなければならない（国籍継続の原則）。また、侵害を受けた個人については、侵害を受けた国で利用し得る国内救済が尽くされていなければならない（国内救済完了の原則）。

4　国家責任の内容

国際違法行為国は、事後救済を行うという義務を負うことになる。事後救済の方法として、原状回復（違法行為が行われる前の状態を回復すること）、金銭賠償（損害を金銭に換算して支払うこと）、精神的満足（陳謝するなどして被害国の精神的な満足を与えること。サティスファクションともいう）がある。国家責任条文では、この順に事後救済を行うことが原則として規定されているが、これらの方法を組み合わせて行う場合もある。

また、事後救済とは別に、被害国は、違法行為の中止や再発防止の保証を違法行為国に対して求めることができる。

第5節　紛争の平和的解決

国と国の間で紛争が発生した場合、近代国際法においては解決策としての実力行使も可能とされていたが、現代国際法では武力行使が原則禁止となったため、紛争を平和的に解決することが国の義務となっている。解決のためにどのような手段を使うかは、紛争の当事国間で合意して選択できる。

1　非裁判手続

国と国の紛争を解決するための手段としては、当事者間の交渉がまず重要である。当事者間で話し合い、解決に至ればそれでよいが、そうはいかないことも多い。

そこで、第三者の関与を得て、紛争の解決を試みることもある。その手段として、周旋、仲介、審査、調停、地域的機関または地域的取極の利用などが挙げられる。国連のような国際組織が関与する場合もある。これらの非裁

判手続では、法的拘束力のある解決策が必ず示されるということでもなく、いわば政治的な手法ともいえる。

2　裁判手続

　第三者として裁判所が国家間の紛争にかかわる場合もある。国際社会において、先行して発展したのは仲裁である。仲裁は、紛争ごとに当事者間の合意で仲裁人や適用基準などを定め、進められる手続である。18世紀ごろから国家間の紛争解決に有効な手法であると認識されるようになり、利用が増えたことで常設化が望まれ、「国際紛争平和的処理条約」（1899年採択、1907年改正）により、常設仲裁裁判所（PCA）が設立された。ただし、この「常設」は、事務局を設置し、用意された裁判官名簿から仲裁ごとに裁判官を選びやすくしたという意味であって、法廷がいつもそこにあり、常に決まった裁判官がいて対応するという意味ではない。

　一方、1920年には、常設国際司法裁判所（PCIJ）が設立され、国際社会における常設の司法裁判所として、多くの判決を出して紛争解決を図った。この裁判所の多くを受け継いだのが、国際司法裁判所（ICJ）である。ICJは、国連の主要な司法機関として設置されており、国家間の紛争を国際法に基づいて判断する。

　近年、国際社会には司法裁判所が増加した。国際海洋法裁判所（ITLOS）、国際刑事裁判所（ICC）などである。また、裁判所ではないが、国際法を適用基準として紛争を処理する手続も拡充されてきている（世界貿易機関（WTO）の紛争解決手続など）。ただし、国際社会には中央集権的な統治機構があるわけではなく、国内社会のように裁判所間には階層がない。紛争当事国は自国にとって有利な判断を出してくれそうな紛争処理手続を選択することができ、フォーラム・ショッピング（法廷漁り）が生じるため、一つの事件が複数の手続に提起され、手続ごとに異なる判断が示されたり、法の異なる解釈が示されたりすることも考えられる。このように、国際法を適用して紛争を処理する場が増加したことで、国際法の法としての一体性が損なわれるということも懸念されており、これは「国際法の断片化」という問題として議論されている。

第6節　武力行使の禁止

　古くから国際社会では戦争に関する議論が続けられてきた。戦争が法的に容認されていた時代においても、勝者・敗者にかかわらず戦争による被害は受けてしまうため、いかに戦争を抑制するかが国際社会にとっての課題であり続けた。とくに、20世紀になると、科学・技術の発展なども背景として、戦争の規模や生じる被害の程度が大きくなったため、国際社会では戦争を違法化するための議論が進展し、武力行使を原則禁止とする国際法が確立された。しかし、武力でもって対応せざるを得ない状況が生じることも想定されたため、現代国際法には、例外として武力行使が法的に認められる制度も用意されている。

　戦争をしないための取組みは今でも続けられている。しかし、実際には武力紛争が起こり、国際社会全体を巻き込むような状況が生まれているのも事実である。こうした現状を踏まえつつ、ここでは武力に関する国際法をみていくこととする。「平和」とは何か、どうすれば「平和」が維持されるのか、考えながら学んでほしい。

1　戦争の違法化

　伝統的国際法においては、戦争は法的に容認されており、力による紛争の解決も選択肢の一つであった。一方で、戦争をいかに抑制するかということについても重要な問題として考えられてきた。

　中世ヨーロッパでは、正戦論が展開された。正戦論は、正しい戦争と不正な戦争を区別し、正しい戦争のみを容認することで、戦争を一定程度回避できた。しかし、正戦論は、どのような基準で、誰が、正・不正を区別するかという問題を抱えており、紛争の当事者が自らの正当性を一方的に主張して戦争に訴えることも少なくなく、戦闘の激しさが増すという問題もあった。

　18世紀ごろからは、戦争に訴える国の正当性を判断する難しさから、戦争は国の自由と捉え、正当かどうかを問わず、戦争法をどの当事者にも平等に適用しようという考え方がでてきた（無差別戦争観）。そのような中で、戦争の是非を規律する法（ユス・アド・ベルム）というより、戦い方に関する法

（ユス・イン・ベロ）が発展し、国際法は平時国際法と戦時国際法の二元構造になっていく。

　20世紀には、戦争自体を抑制する国際法が形成されていく。とくに第一次世界大戦を経て、国際連盟が設立されると、大規模な戦争の経験を教訓に、戦争を違法化する方向へと国際社会は動き出す。1928年に「戦争抛棄ニ関スル条約（不戦条約）」が締結されるなど、戦争を違法化する試みは続けられるが、第二次世界大戦を防ぐことはできなかった。

2　武力行使禁止原則

　第二次世界大戦後、国際社会は戦争の違法化を実現させる。国連憲章で、武力行使禁止原則が規定されたのである（2条4項）。「戦争」ではなく「武力による威嚇又は武力の行使」という言葉を用いることで、「戦争」に至らない武力行使の事態についても違法とした。

　ただし、国連憲章は同時に、武力行使禁止原則の例外を設けている。自衛権の行使（51条）、安全保障理事会（安保理）による強制措置（第7章）、旧敵国に対する武力行使（107条ほか）である。旧敵国条項は、連合国の旧敵国である日本、ドイツ、イタリアを対象としているが、今の国際社会においては意味を持たない条項となっている。

　なお、法的に武力行使が明示的に認められている場合以外にも、武力行使を認めてよいかどうか議論される場面もある。人道的干渉がその一つである。人道的干渉は、国が深刻な人権侵害をしている場合に他国がその行為をやめさせるために武力を用いて干渉することをいう。人道・人命を目的とした武力行使は認められるべきとの見方もあるが、個別の国の判断により武力を伴って他国への干渉が行われることについては否定的な考え方もある。現在では、そうした事態に対して国際社会が責任を持っていると考え、集団的な判断に基づいて介入するべきだとして、「保護する責任」という概念についての議論が活発に行われている。

3　自衛権

　自衛権とは、他国からの武力攻撃に対し、国が自己の防衛のために反撃す

る権利のことである。国連憲章51条では、「この憲章のいかなる規定も、国際連合加盟国に対して武力攻撃が発生した場合には、安全保障理事会が国際の平和及び安全の維持に必要な措置をとるまでの間、個別的又は集団的自衛の固有の権利を害するものではない」と定められている。つまり、武力行使禁止原則の例外として、国が自己を防衛するための武力行使は法的に認められるということである。

　例外として認められるための要件の一つは、「武力攻撃が発生した場合」である。武力行使の最も重大な形態とされる「武力攻撃」が発生した場合に、自衛権の行使としての武力行使が法的に認められる。また、「安保理が必要な措置をとるまでの間」であれば、自衛権の行使が認められる。その安保理に対して、自衛権の行使のために国がとった措置について報告することも求められる。

　加えて、国連憲章に明示はないものの、必要性と均衡性という、慣習国際法上の要件も満たさなくてはならない。自衛権の行使は、あくまでも武力攻撃に対応するための反撃であって、他に手段がなければ武力行使は認められるが、必要性があるとはいえ相手からの武力攻撃との均衡性は保たれていなくてはならない。

　自衛権には集団的自衛権という概念がある。国連憲章で初めて導入された。武力攻撃を受けた被害国を援助するため、直接の武力攻撃を受けた国でなくても自衛権を行使できるというものである。ただし、集団的自衛権を行使するかどうかは個別に国が考えることになっているため、集団的自衛権は恣意的に行使される可能性がある。そこで、国際司法裁判所（ICJ）は、集団的自衛権の要件として、被害国が武力攻撃を受けたことを「宣言」し、かつ、援助を他国に対して明示的に「要請」することを、個別的自衛権の要件に加えるという考えを示した。

4　安保理による強制措置

　国連憲章は第7章において、国際の平和及び安全の維持のための集団安全保障制度を定めている。国連憲章では、平和と安全にかかわるような事態が生じたときに、安保理の集権的な決定により、その事態を平和に対する脅威

などと認定した上で、何らかの措置をとるという仕組みが定められている。安保理は国際社会の平和と安全の維持に主要な責任を負うとされているため（国連憲章24条）、集団安全保障制度の運用を担う組織ともいえるが、冷戦時代には常任理事国の拒否権発動によって安保理による決定ができず、制度はあっても機能しないという状態が続いた。冷戦終結後には、安保理により決定される事例が増え、強制措置がとられるようにもなった。

　強制措置には、経済制裁を含む非軍事的措置（41条）と軍事的措置（42条）がある。42条では、「41条による措置では不充分であろうと認め、又は不充分なことが判明したと認めるときは、国際の平和及び安全の維持又は回復に必要な空軍、海軍又は陸軍の行動をとることができる」とされている。

第7節　個別具体的な分野

　国際法は、国際社会において生じるほとんどのことに関係するため、その社会のあり方に応じて、様々な分野ごとの発展を遂げてきた。とくに、第二次世界大戦以降、国際社会の中で個人が活動を活発化させ、国境を越える活動が増加・拡大してきたことで、個別具体的な分野の国際法が発展してきている。一つひとつに国際学会が設立されるほど、国際法は細分化・専門化しており、その対象分野は幅広い。いくつか概観しておこう。

1　空間に関する国際法

　国の領域とは、領土、領水（内水、領海）、領空から成り、国の主権が及ぶ範囲である。領域は国の要件の一つでもあり、とくにその中心となる領土に関する国際法は、その取得方法も含めて慣習国際法により規律されてきた分野でもあるため、国際社会における領土問題を理解するには必要な規則でもある。

　海洋法は、国際法の中でも長い歴史をもつ分野で、多くの慣習国際法が形成され、法典化されてもいる。現在は、その中心的存在である「海洋法に関する国際連合条約（国連海洋法条約）」（1982年）に基づき、領海、排他的経済水域（EEZ）、大陸棚、深海底、公海などの海域区分ごとに制度が設けられており、天然資源の開発・保全、船舶の航行、海洋環境保護など多岐にわた

る海洋活動が規律されている。

　一方、国際法の中でも比較的歴史の浅い分野が宇宙法である。宇宙開発技術の進歩に伴って人間の活動範囲が拡大したことで、宇宙空間やそこでの活動に対しても国際法の規律が及ぶようになっている。天体を含む宇宙空間の国による領有は禁止されているが、自由な探査・利用は認められており、近年の民間企業の参入による宇宙開発の進展には目覚ましいものがある。「月その他の天体を含む宇宙空間の探査及び利用における国家活動を律する原則に関する条約（宇宙条約）」（1966年）や、その基本原則を具体化する内容の条約が国連で作られたが、1979年の「月その他の天体における国の活動を律する協定（月協定）」以降は条約が作られておらず、ソフト・ローで宇宙活動の方針や技術的な基準などを規律するようになっている。

　さらに最近では、サイバー空間に関する国際法の形成に注目が集まっている。インターネットはあらゆる場面でもはや不可欠な技術でもあることから、その新たな空間の秩序をいかに維持するかが国際社会全体の重要課題であり、そのための国際制度の構築が急務となっている。

2　国際人権法

　ヨーロッパやアジアなどで大規模かつ深刻な人権侵害が発生し、それを停止させることも理由の一つとして、第二次世界大戦という、国際社会の平和と安全を破壊するような事態に至ったという理解の下、人権の国際的な保障が重要であると国際社会全体で認識されるようになった。個人が国際法主体として扱われるようになったという背景もあり、人権の国際的保障は、共通の関心事として国際社会全体の取組みとなっている。

　1948年の「世界人権宣言」、1966年の「国際人権規約」を中心として、人種差別撤廃や女性差別撤廃などの個別具体的な人権条約が作られ、戦後の国際社会において国際人権法は国際法の一分野として発展してきた。

3　国際経済法

　国境を越える人や物の移動が盛んになり、国際的な経済活動が活発になると、その活動が安定的に行えるようにするために、国際経済秩序を構築する

ための国際法が形成されるようになった。その規律は、投資、金融、貿易などの多分野に及ぶ。

　貿易については、第二次世界大戦後に、「関税及び貿易に関する一般協定（GATT）」（1947年）の下で貿易の自由化が推進され、現在では、モノの貿易だけではなくサービス貿易や知的財産権などについての規則形成が進み、自由貿易体制がより強化されている。1995年には世界貿易機関（WTO）が国際貿易を規律する国際組織として設立され、活動を行ってきたが、2000年代に入ると、次第にWTOでの多国間貿易交渉は停滞し、紛争解決制度も機能しなくなるなど、課題は多い。そのような中、各国は、独自に特定の国との間で自由貿易協定（FTA）を締結したり、一定の地域内で自由貿易体制を作ったりするといった動きをみせるようになった。「環太平洋パートナーシップ協定（TPP）」（2018年）も、特定の諸国により作られた自由貿易の枠組の一つである。

4　国際環境法

　環境問題は今や地球規模の課題として認識されるようになっており、多国間条約による環境保護のための枠組が作られている。例えば、「気候変動枠組条約」（1992年）は、地球温暖化の防止に取り組むための国際協力体制を整えるとともに、「京都議定書」（1997年）、またその後継協定である「パリ協定」（2015年）に基づき、それぞれの国ごとの温室効果ガス削減目標を定めるなどしており、途上国に対しても先進国とともに温暖化問題の当事者として、一定の義務が課されている。

　他にも、生物多様性、海洋汚染、オゾン層破壊防止、有害廃棄物の越境移動など、多国間条約が増えており、国際社会全体の問題として環境問題に取り組む機運が高まっている。

5　国際刑事法

　第二次世界大戦の戦争責任者の裁判などを通じて、国際犯罪に関する国際法の整備、また、その犯罪者を裁くための刑事手続に関する国際制度の構築が必要であるとの認識が深まり、戦後、犯罪に関する国際法は発展してき

た。個人も国際法の主体として扱われるようになってきたことと相まって、国際犯罪を行った個人を裁く手続についても、特に冷戦後、議論が進められていった。そうして設立をみたのが、国際刑事裁判所（ICC）である。

　ICC は、集団殺害罪、戦争犯罪、人道に対する罪、侵略犯罪を処罰対象としており、これらの犯罪行為をした個人を「国際刑事裁判所（ICC）規程」（1998年）に定められる手続にしたがって裁く。ただし、犯罪が行われた国の主権を尊重し、まずは国内裁判による処罰が優先されるため、それができない場合あるいはその国が処罰をしない場合に、ICC は裁判の管轄権を有することになっている（補完性の原則）。

6　国際人道法・武力紛争法

　第二次世界大戦後の国際社会では、平和構築のために人権の国際的保障を推進するという機運が高まり、人道主義の観点から、武力紛争下での紛争犠牲者保護を実現するための国際人道法が形成された。1949年のジュネーヴ諸条約は、傷病者、難船者、捕虜、文民を対象に、その保護に関する規則が定められており、1977年の第一・第二追加議定書の下で、国際武力紛争のみではなく、非国際武力紛争（例えば、内戦など）における紛争犠牲者の保護が謳われている。

　損害や犠牲の低減という観点からいえば、軍備に関する国際法も重要である。国際法上、国が軍隊や兵器を保有すること自体は禁止されておらず、国の自由である。しかし、軍備の質や量について何ら制限を設けないとなると、武力紛争が発生した場合に多くの損害や犠牲が出てしまうことは想像に難くない。したがって軍縮・軍備管理の分野では、冷戦期にも大量破壊兵器や通常兵器の制限あるいは禁止を謳った条約が作られ、その後「核兵器禁止条約」（2017年）のような大きな成果も生み出しながら、国際法が発展してきた。とはいえ、2022年2月に勃発したロシアによるウクライナ侵攻のような事態を目の当たりにするとき、国際社会がすでに多量に蓄積された兵器によって常に脅威にさらされているという現実に対して、なお一層の取組みが求められていることも理解しておく必要がある。

7 分野横断的な問題

国際法には様々な分野があるが、それらは相互に関連しており、切り離して論じることのできない問題がたくさんあることに留意する必要がある。

例えば、貿易の国際法では、近年特に非貿易的関心事項について考える場面が多い。貿易といっても単なる物とお金のやり取り（売買）ではなく、ときに相手国の文化への配慮が必要とされる。例えば、自国では問題なく放送できるような表現を含むテレビ番組でも、宗教や人権に関する配慮を欠いていると、他国に輸出したときにそのまま放送できないというような、貿易の"障壁"になってしまう場合もある。また、強制労働により収穫された綿を使用した衣料品の輸入を禁止するという場合のように、貿易ができなくなるような要因として人権が問題となる場合もある。

このように、国際社会の中で起こっている事象の一つひとつについて「今ある」国際法を通してみてみると、そこには複雑に絡み合った問題があることがわかる。その問題をどう解きほぐしていけばよいのか。また、そもそもそうした問題を引き起こさないようにしながら、人々にとって暮らしやすい、平和で安全な社会をどのように作っていけばよいのか。そこに「あるべき」法とはどのようなものか。尽きることのない問いについて、過去と現在だけではなく、未来をも見据えて考えるのが、「国際法の世界」なのである。

参考文献

第1章　法の世界

君塚正臣編『高校から大学への法学（第2版)』（法律文化社、2016年）

副田ほか『ライフステージと法（第8版)』（有斐閣、2020年）

矢野達雄『マンガからはいる法学入門』（新日本出版社、2004年）

上田ほか『フロンティア法学（第2版)』（法律文化社、2006年）

京都学園大学法学会『法学の扉（第3版)』（成文堂、2008年）

道垣内正人『自分で考えるちょっと違った法学入門（第4版)』（有斐閣、2019年）

金城清子『ジェンダーの法律学（第2版)』（有斐閣、2007年）

団藤重光『法学の基礎（第2版)』（有斐閣、2007年）

星野英一『法学入門』（有斐閣、2010年）

五十嵐清『比較法入門（改訂版)』（日本評論社、1972年）

柴田光蔵『タテマエの法　ホンネの法（第4版)』（日本評論社、2009年）

第2章　憲法の世界

竹花光範『憲法学要論（補訂版)』（成文堂、1998年）

竹花光範『現代の憲法問題と改正論』（成文堂、1986年）

高乗正臣・佐伯宣親『現代憲法学の論点（第2版)』（成文堂、2000年）

阿部照哉『憲法（改訂版)』（青林書院、1991年）

阿部照哉・池田政章編『新版憲法（1)・(2)』（有斐閣、1983年）

芦部信喜（高橋和之補訂)『憲法（第7版)』（岩波書店、2019年）

芦部信喜『憲法判例を読む』（岩波書店、1987年）

芦部信喜『憲法叢説1・2』（信山社、1994年・1995年）

伊藤正己『憲法（第3版)』（弘文堂、1995年）

浦部法穂『〔新版〕憲法学教室Ⅰ・Ⅱ』（日本評論社、1994年・1996年）

内野正幸『憲法解釈の論点（第4版)』（日本評論社、2005年）

大沢秀介『憲法入門（第3版)』（成文堂、2003年）

奥平ほか編『テキストブック憲法（第2版)』（有斐閣ブックス、1989年）

佐藤幸治『憲法（第3版)』（青林書院、1995年）

佐藤幸治『日本国憲法論（第2版）』（成文堂、2020年）

渋谷秀樹『日本国憲法の論じ方（第2版）』（有斐閣、2010年）

初宿正典『憲法2（第3版）』（成文堂、2010年）

阪本昌成『憲法1・2』（有信堂、2002年）

辻村みよ子『憲法（第7版）』（日本評論社、2021年）

中谷実編『ハイブリッド憲法』（勁草書房、1995）

野中俊彦・浦部法穂『憲法の解釈Ⅰ・Ⅱ・Ⅲ』（三省堂、1989年・1990年・1992年）

野中ほか『憲法Ⅰ・Ⅱ（第5版）』（有斐閣、2012年）

長谷部恭男『憲法（第8版）』（新世社、2022年）

清宮四郎『憲法Ⅰ（第3版）』（有斐閣、1979年）

松井茂記『日本国憲法（第4版）』（有斐閣、2022年）

宮沢俊義『憲法Ⅱ（新版）』（有斐閣、1971年）

棟居快行『憲法フィールドノート（第3版）』（日本評論社、2006年）

筒井ほか『日本憲法史』（東京大学出版会、1978年）

大石眞『日本憲法史（第2版）』（有斐閣、2005年）

江藤淳編『占領史録3―憲法制定経過』（講談社学術文庫、1989年）

宮沢俊義（芦部信喜補訂）『全訂日本国憲法』（日本評論社、1978年）

樋口ほか『注釈日本国憲法　上・下』（青林書院、1984年・1988年）

法学協会編『註解日本国憲法』（有斐閣、1953年・1954年）

佐藤幸治編著『要説コンメンタール日本国憲法』（三省堂、1991年）

鴨野ほか編『法学・憲法（増補第2版）』（成文堂、1983年）

第3章　民法の世界

五十嵐清『私法入門（改訂3版）』（有斐閣、2007年）

野村豊弘『民事法入門（第8版補訂版）』（有斐閣、2022年）

米倉明『プレップ民法（第5版）』（弘文堂、2018年）

道垣内弘人『ゼミナール民法入門（第4版）』（日本経済新聞社、2008年）

川井健『民法入門（第7版）』（有斐閣、2012年）

大村敦志『文学から見た家族法』（ミネルヴァ書房、2012年）

山川一陽『犯罪と民法』（現代法律出版、2003年）

佐伯仁志・道垣内弘人『刑法と民法の対話』（有斐閣、2001年）

潮見佳男・道垣内弘人編『民法判例百選Ⅰ（第9版）』（有斐閣、2023年）

窪田充見・森田宏樹編『民法判例百選Ⅱ（第9版）』（有斐閣、2023年）

大村敦志・沖野眞已編『民法判例百選Ⅲ（第3版）』（有斐閣、2023年）

『新版注釈民法』1巻～28巻（有斐閣）

『新・判例コンメンタール』1巻～15巻（三省堂）

第4章　刑法の世界

伊東研祐編『はじめての刑法』（成文堂、2004年）

井田良『入門刑法学・総論（第2版）』（有斐閣、2018年）

井田良『入門刑法学・各論（第2版）』（有斐閣、2018年）

町野朔『プレップ刑法（第3版）』（弘文堂、2004年）

浅田ほか『現代刑法入門（第4版）』（有斐閣、2020年）

佐伯仁志・道垣内弘人『刑法と民法の対話』（有斐閣、2001年）

山川一陽『犯罪と民法』（現代法律出版、2003年）

大塚仁『刑法入門（第4版）』（有斐閣、2003年）

福田平『全訂刑法総論（第5版）』（有斐閣、2011年）

福田平『刑法概説各論（第4版）』（有斐閣、2005年）

佐伯仁志・橋爪隆編『刑法判例百選Ⅰ（第8版）』（有斐閣、2020年）

佐伯仁志・橋爪隆編『刑法判例百選Ⅱ（第8版）』（有斐閣、2020年）

第5章　ビジネスと法の世界

江頭憲治郎『株式会社法（第8版）』（有斐閣、2021年）

江頭憲治郎『商取引法（第9版）』（弘文堂、2022年）

神田秀樹『会社法（第24版）』（弘文堂、2022年）

松嶋隆弘編『会社法講義30講』（中央経済社、2015年）

石山卓磨『現代会社法講義（第3版）』（成文堂、2016年）

落合ほか『商法Ⅰ総則・商行為（第6版）』（有斐閣、2019年）

藤田勝利・工藤聡一編『現代商取引法』（弘文堂、2011年）

黒沼悦郎『金融商品取引法入門（第8版）』（日本経済新聞出版社、2021年）

中曽根ほか『金融商品取引法実務ハンドブック』（財経詳報社、2009年）

金子宏『租税法（第24版）』（弘文堂、2021年）

第6章　消費者保護と法の世界

安田総合研究所『製造物責任』（有斐閣、1989年）

小林秀之『製造物責任法』（中央経済社、1993年）

植木哲「製造物責任」森泉章・池田真朗編『消費者保護の法律問題』（勁草書房、1994年）

喜多村治雄『「PL法」こう考えよう』（ダイヤモンド社、1992年）

東京海上研究所編『国際製造物責任法』（商事法務研究会、1993年）

竹内昭夫編『わが国の製造物責任法』（有斐閣、1990年）

舛井一仁編『国際ビジネス法ハンドブック』（WAVE出版、1989年）

吉村純郎『PLP：製造物責任予防対策の実際』（中央経済社、1992年）

佐藤一雄『新講・現代消費者法』（商事法務研究会、1996年）

平松ほか『消費者法』（有斐閣、1994年）

1990年私法学会報告者グループ編『製造物責任の現状と課題』（商事法務研究会、1992年）

経済企画庁国民生活局消費者行政第1課編『製造物責任法の論点』（商事法務研究会、1991年）

第7章　国際法の世界

柳原正治ほか編『プラクティス国際法講義（第4版）』（信山社、2022年）

加藤信行ほか編著『ビジュアルテキスト国際法（第3版)』（有斐閣、2022年）

浅田正彦編著『国際法（第5版）』（東信堂、2022年）

長田祐卓ほか編『現代に生きる国際法』（尚学社、2022年）

岩沢雄司『国際法』（東京大学出版会、2020年）

大沼保昭『国際法』（筑摩書房、2018年）

杉原高嶺ほか『現代国際法講義（第5版)』（有斐閣、2012年）

山本草二『国際法（新版)』（有斐閣、1994年）

田畑茂二郎『国際法新講　上・下』（東信堂、1990年・1991年）

森川幸一ほか編『国際法判例百選（第3版）』（有斐閣、2021年）

松井芳郎ほか編著『判例国際法（第3版)』（東信堂、2019年）

波多野里望ほか編著『国際司法裁判所　判決と意見（第1巻〜第5巻)』（国際書院、1999年〜2018年）

国際法学会編『国際関係法辞典（第2版）』（三省堂、2005年）

〈執筆者紹介〉（＊1は執筆者代表、＊2は改訂版編集幹事）

＊1 **中 山 政 義**（なかやま　まさよし）
　　二松学舎大学国際政治経済学部教授
　　（初版）第1章第2節・第3節、第6章

　　土 屋　　茂（つちや　しげる）
　　二松学舎大学名誉教授
　　（初版）第1章第1節、同第4節〜第9節、第3章、第4章

　　長谷川 日出世（はせがわ　ひでよ）
　　二松学舎大学名誉教授
　　（初版）第2章

　　高 岸 直 樹（たかぎし　なおき）
　　二松学舎大学国際政治経済学部教授
　　（初版・第2版捕訂）第5章
　　（改訂版捕訂）第3章、第5章、第6章

＊2 **関 沢 修 子**（せきざわ　しゅうこ）
　　二松学舎大学国際政治経済学部専任講師
　　（改訂版捕訂）第1章、第2章、第4章

　　大 塚 敬 子（おおつか　けいこ）
　　二松学舎大学国際政治経済学部専任講師
　　（改訂版）第7章

法学──法の世界に学ぶ──［改訂版］

2017年3月30日　初　版第1刷発行
2023年4月30日　改訂版第1刷発行

著　者
中 山 政 義
土 屋　　茂
長谷川 日出世
高 岸 直 樹
関 沢 修 子
大 塚 敬 子

発 行 者　阿 部 成 一

〒162-0041　東京都新宿区早稲田鶴巻町514番地

発行所　株式会社　成文堂
電話 03(3203)9201㈹　Fax 03(3203)9206
http://www.seibundoh.co.jp

製版・印刷・製本　藤原印刷
ISBN978-4-7923-0719-6　C3032
定価（本体2000円＋税）